中共山东省委党校（山东行政学院）
科研支撑项目成果（项目编号：2024CX050）

变迁中的齐鲁大学
（1945～1952）

孙晓彤　著

山东大学出版社
SHANDONG UNIVERSITY PRESS
·济南·

图书在版编目 (CIP) 数据

变迁中的齐鲁大学 : 1945 ~ 1952 / 孙晓彤著. -- 济南 : 山东大学出版社, 2024.7
ISBN 978-7-5607-8211-9

Ⅰ. ①变… Ⅱ. ①孙… Ⅲ. ①齐鲁大学—校史—1945-1952 Ⅳ. ①G649.285.21

中国国家版本馆CIP数据核字（2024）第075112号

责任编辑 肖世伟
封面设计 禾 乙

变迁中的齐鲁大学（1945～1952）
BIANQIAN ZHONG DE QILU DAXUE (1945~1952)

出版发行	山东大学出版社
社　　址	山东省济南市山大南路20号
邮政编码	250100
发行热线	（0531）88363008
经　　销	新华书店
印　　刷	济南新科印务有限公司
规　　格	787毫米 × 1092毫米　1/16
	10印张　120千字
版　　次	2024年7月第1版
印　　次	2024年7月第1次印刷
定　　价	42.00元

前言

齐鲁大学作为近代中国十三所私立教会大学之一，其历史最早可以追溯到1864年狄考文夫妇创办的登州蒙养学堂，到1952年全国院系调整，它走过了近百年的历程。齐鲁大学不仅见证了近代中国高等教育的改革和变迁，而且也经历了近代中国的沉浮与巨变。

中国各地的教会学校，其发展历程虽然表现出一定的共性，但也因其自然和人文环境的不同而具有自身的独特性。因此，本书并不准备进行抽象的共性研究，而是以齐鲁大学为对象进行个案分析。本书涉及的时间范围为1945～1952年。此阶段是中国历史发展的关键时期，政府层面，腐朽的国民党政府被人民政府取代。政权的更迭对教会学校产生了至关重要的影响。因此，此阶段可以说是教会学校与政府关系多元互动的特殊时期。而对于齐鲁大学来说，1945～1952年也是其特殊发展时期。1948年6月，为躲避战火，齐鲁大学再次举校南迁，文理两院和医学院分别迁至杭州、福州。作为解放战争期间唯一南迁的教会大学，齐鲁大学在新中国成立之后处于十分尴尬的境地，南迁也严重影响了齐鲁大学与人民政府的关系。因此，本书一方面将梳理这一时期齐鲁大学的历史，力图准确而完整地爬梳齐鲁大学在抗战复校建设、二次南迁、二次复校和新中国成立后各阶段的历史细节，以完善齐鲁大学校史；另一方面结合相关史实，重点分析齐鲁大学应对政局变动的措施、原因及效果，齐鲁大学在新中国成立初期的境况，以及冷战背景下的朝鲜战争对新中国的对外政策及齐鲁大学命运的影响等问题，以展示历史的丰富性和多元性。

目　录

第一章
抗战胜利后复员建设与发展（1945～1948）

第一节　校产接收与复员建设

一、校产接收

1945年8月，长达十四年之久的抗日战争终于结束。此时，距离1937年齐鲁大学奉教育部指令避祸西迁也已过去近九年。在蓉的八年多时间里，齐鲁大学在各方的帮助下平稳发展。但“华西坝虽说是天堂”，于齐鲁大学而言“毕竟是借居地址”。[①] 因此，在1945年8月10日得知日本无条件投降的消息之后，齐鲁大学校方在一周之内便成立了复校委员会（Rehabilitation

① 参见《齐鲁大学胜利归来》,《齐鲁大学校刊》第54期，1946年11月30日。

Committee），负责齐鲁大学一切复员事宜，以期尽快返济复校。[①]

复员建设事宜千头万绪，首要的便是校产接收工作，在此方面，齐鲁大学虽较早着手办理，过程却一波三折，持续了半年多时间。为了解济南城的情况，校方最先委托中国基督教大学联合董事会（The United Board for Christian Colleges in China）干事芳卫廉（William P. Fenn）博士到济南视察。[②] 随后，齐鲁大学图书馆馆长林仰山（F. S. Drake）教授和斐礼伯（Edward Phillips）教授到校商洽校产接收事宜。由于当时济南四周交通断阻，两人花费了六周多时间，于 1945 年 12 月 24 日才搭乘飞机到达济南，随后便与在济的其他人员一起对齐鲁大学各建筑物的情况进行了初步勘察，并就校产接收问题与中方官员进行了非正式的讨论。当时在济的日本军队尚未正式投降，齐鲁大学校园中仍驻扎着很多配备武器的日本士兵。12 月 27 日，日本受降仪式在山东省立图书馆举行。[③]1946 年 1 月初，国民政府军政部负责齐鲁大学接收事务的楚奇育博士返济，斐礼伯等人方从他口中得知接收校产的相关步骤，此后齐鲁大学的校产接收工作才逐步展开。[④]1 月 15

① 参见吴克明:《奋斗中之齐鲁大学》,《齐鲁大学校刊》第 68、69 期合刊，1948 年 10 月 30 日。

② 参见吴克明:《齐鲁大学复员以来之概况》,《齐鲁大学校刊》第 59、60 期合刊，1947 年 10 月 30 日。

③ Edward Phillips to Friends, January 5,1946, RG011-244-4004, Archives of the United Board for Christian Higher Education in Asia, pp.165-170.

④ Edward Phillips to Friends, February 8,1946, RG011-256-4160, Archives of the United Board for Christian Higher Education in Asia, pp.969-972.

日，驻守齐鲁大学的日本士兵被缴械，中国军队正式接管了校园。1 月 24 日，齐鲁大学教务长孙恩三和医学院院长杜儒德（Ernest B. Struthers）由蓉返济，主持相关事宜。[①] 当时齐鲁大学校园内仍有大约 2000 名尚未转移的日本伤员、医生和护士，上述人员于 2 月 25 日才最终搬离齐鲁大学。[②]

齐鲁大学大门口的中国警察和日本哨兵[③]

① 参见吴克明:《齐鲁大学复员以来之概况》,《齐鲁大学校刊》第 59、60 期合刊，1947 年 10 月 30 日。

② Cheeloo University President's Report 1946-1947, March,1947, RG011-243-3983, Archives of the United Board for Christian Higher Education in Asia, pp.61-67.

③ 本书图片均来自耶鲁大学神学院图书馆（Yale Divinity School Library），下文不再一一注明出处。

由上可见，齐鲁大学的校产接收工作在很大程度上受到战后中日双方对人员、物资、机构的交涉与接收进程的影响。此外，对于相关场所的接收，齐鲁大学校方只有在军政部下达移交指令之后方可与相关单位协商，而战后复员的省政、市政等单位由于缺少办公场所，很多暂借在齐鲁大学校园内办理相关事务，而这些单位往往又一时难以寻得合适的场所，这也给齐鲁大学的校产接收工作增加了很多不确定的因素。例如，对广智院（Whitewright Institute）博物馆部分的接收，因暂借于此的市民教育部实在无处可去，所以不得不比原计划推迟了两个星期才完成，诸如此类的情况也使齐鲁大学校产接收工作受到了很大的阻碍。①

在种种因素的影响下，齐鲁大学的校产接收迟至 1946 年 5 月才最终完成，但是，这仅仅是复员工作中的第一步。校产接收完毕以后，校方便迅速开始对校内建筑、设备和物资进行修葺与整理，以期尽快完成复员建设，投入下一阶段的发展。

二、战争损失与战后重建

齐鲁大学校园于 1941 年 12 月 8 日为日军所占，直到战争结束时仍被日方用作部队医院，校园内各建筑因此免受战火荼毒，

① Edward Phillips to Friends, February 8,1946, RG011-256-4160, Archives of the United Board for Christian Higher Education in Asia, pp.969-972.

但是各部分仍遭到一定程度的破坏。

日占时期齐鲁大学校产损失最为惨重的是各院系实验室中的仪器设备。以化学系为例，战前的化学系是理学院设备最充足的部门，“实验室有六，天平室有二，硫化氢发生室一间，仪器药品发给室一大间，实验台二十张，每张有抽屉及橱二十四个，煤气管，自来水管装置完备，电气设备亦甚完全，各实验室同时开放，可供九十余人之使用，故对于普通化学，分析化学，有机化学，有机分析理论化学，工业分析，营养化学，生物化学，均能次第实习”①，但是由于战争的破坏，战后的化学实验室不仅煤气管、水管、电灯等固定装置悉遭拆除，而且曾经琳琅满目的实验器具也只剩一些玻璃器皿和普通仪器。当然，不仅化学系如此，其他院系实验室如医学院、物理系、生物系，损失也相当惨重，所有的设备、仪器、实验桌、凳子全都不见了，教室里的课桌、椅子几乎全都被破坏或搬走，就连一些地理和历史地图、图片、模型也都不知去向。②另外，各建筑内的基础设施等因日军战时所需也遭到了不同程度的破坏或改建，失去了原有的实用性。以奥古斯丁图书馆为例，日占时期日方将其改建为病房，馆内设备器具被拆除殆尽，阅览室被隔成小间，原为两层的外文书库被拆得只

① 《化学系之速写》,《齐鲁大学校刊》第 62 期，1947 年 12 月 31 日。

② Campus and Alumni During Occupation (1941-1945) by Chang Shih Hsin & David Yang, RG011-36-909, Archives of the United Board for Christian Higher Education in Asia, pp.237-251.

剩下一层，办公室也被改得不再适用。① 不仅是图书馆，所有的大型建筑，如考文楼、柏根楼、女生宿舍、医学院建筑、医院等都被日方用于战时医疗，其内设施多遭改动。② 由于物价和交通等因素的限制，战后实验仪器和有关设备的添置进展缓慢，各建筑内部一时难以恢复到战前模样。而设备短缺问题也一直是齐鲁大学复员建设过程中的一大难题，这使得相关学科迟迟无法重新开设，一些学科即使重开也只是勉强维持，难以达到战前水平。

图书馆的损失，除了上述提到的室内设施以外，还包括各类书刊。战后粗略统计，书刊损失达两万余册，这一方面是因为学校西迁之前借出的图书没能及时收回，而这些图书正是师生们借阅率比较高的那一部分，因此被保存下来的图书很多利用价值并不高，而且，一些比较珍贵的丛书因为丢失了其中一本或几本而失去了原有的价值。③ 另一方面，日军占领之初曾严格搜查过图书馆，一些比较敏感的图书均遭焚毁，这部分损失主要集中于历史、政治、经济、社会、外交、教育等领域。面对此种情况，1945 年底便回到济南的林仰山馆长立即着手复员工作。幸运的是，大部分的中文图书和 70% 的英文图书分别于山东省立图书馆

① 参见《战后的图书馆》,《齐鲁大学校刊》第 54 期，1946 年 11 月 30 日。

② Campus and Alumni During Occupation (1941-1945) by Chang Shih Hsin & David Yang, RG011-36-909, Archives of the United Board for Christian Higher Education in Asia, pp.237-251.

③ Cheeloo University Sinological Research Institute Seventeenth Annual Report, July 1,1946-June 30,1947, RG011-244-4003, Archives of the United Board for Christian Higher Education in Asia, pp.31-33.

齐鲁大学建筑内部损毁情况

和广智院找到。[①] 此外，在日本军方总部所在地还发现了数百册非常珍贵的地方志。[②]1946 年 3 月，图书馆的建筑被移交给齐鲁大学校方，修复工作正式开始。经过半年的努力，到 9 月底，图

① Edward Phillips to Friends, January 5,1946, RG011-244-4004, Archives of the United Board for Christian Higher Education in Asia, pp.165-170.

② Edward Phillips to Friends, February 8,1946, RG011-256-4160, Archives of the United Board for Christian Higher Education in Asia, pp.969-972.

书馆的修复工作超额完成。[①]

除了上述几方面外，战后的康穆堂也是伤痕累累、满目疮痍。康穆堂在日占时被用作礼堂和戏院，日方的演讲和娱乐活动都在此举行。[②]堂内原有的桃木长椅全被扔在教堂外面，由于长时间的风吹日蚀，长椅严重变形，无一完好。[③]作为学校标志性建筑，康穆堂是最先被修复的，之后，日常的祷告、节日庆典等活动逐渐恢复。

相比于其他建筑，广智院的受害程度是比较轻的。其中，博物馆部分在抗战期间由市政部门接管，除部分英美展品被日方撤换外，其余展品都受到了很好的保护。[④]博物馆在 1946 年 1 月底被校方接收后，稍加整葺，于旧历新年期间重新开馆。[⑤]广智院的南部建筑原来分布有布道堂、研习班、阅览室和休息室，日占时期日本牧师及其亲属居住于此，部分建筑被改作他用，其中研习班被用作面包店，布道堂则被用作粮店，建筑内部也多遭改动

① Cheeloo University President's Report 1946-1947, March,1947, RG011-243-3983, Archives of the United Board for Christian Higher Education in Asia, pp.61-67.

② Edward Phillips to Friends, January 5,1946, RG011-244-4004, Archives of the United Board for Christian Higher Education in Asia, pp.165-170.

③ Edward Phillips to Friends, February 8,1946, RG011-256-4160, Archives of the United Board for Christian Higher Education in Asia, pp.969-972.

④ Edward Phillips to Friends, January 5,1946, RG011-244-4004, Archives of the United Board for Christian Higher Education in Asia, pp.165-170.

⑤ Edward Phillips to Friends, February 8,1946, RG011-256-4160, Archives of the United Board for Christian Higher Education in Asia, pp.969-972.

战后康穆堂内部

正在重建的康穆堂

和破坏。[①]

总的来看，抗战期间学校各建筑的外部保存情况良好，损毁较轻，只需稍加整葺和粉刷便可焕然一新，但是建筑物内部设施因日军战时需要遭到较大改动，几乎面目全非。另外，包括图书、仪器、家具等在内的动产损失也十分严重。这部分损失一方面是战时的破坏使然，而另一方面则由于间接性的校产接收。1945 年 10 月，当国民政府军政部接管校园内的日本部队医院时，大学校方并没有代表在场参与对校产的直接接收，对当时的校产情况和丢失校产的去向没有比较清楚的掌握，而在后续与国民政府军政部的交接中，很多齐鲁大学校产被有意或无意地移交给了国民政府其他单位，这也给齐鲁大学造成了不小的损失。[②]

1946 年 5 月校产接收工作完成以后，校内各建筑的修复工作也渐次展开。但是由于复员建设包含的事项众多，校方的经费支出本来就很大，而战后济南通货膨胀、物价上涨，齐鲁大学的财政状况更是捉襟见肘，加之济南与外界的交通、通信几乎完全中断，物资和人员无法及时运抵，因此齐鲁大学各方面修复工作进展缓慢，蓉校也迟迟无法返回济南。

① Edward Phillips to Friends, January 5,1946, RG011-244-4004, Archives of the United Board for Christian Higher Education in Asia, pp.165-170.

② Cheeloo University President's Report 1946-1947, March,1947, RG011-243-3983, Archives of the United Board for Christian Higher Education in Asia, pp.61-67.

战后的考文楼

杂草丛生的教职工宿舍

三、复校经过

抗战期间西迁华西坝的教会大学除了齐鲁大学以外，还有金陵大学、金陵女子文理学院和燕京大学，抗战胜利之后各校都积极筹措复员。1946 年 4～6 月，除齐鲁大学以外的其他三所大学均提前结束当期课业，先后复校原址。①

在蓉逾八载，重回济南一直是齐鲁大学校方及全体师生的共同愿望。抗战胜利之后，随着校产的渐次回收和修复工作的稳步开展，复校时机已经十分成熟，复校计划渐渐提上日程，但是由于牵涉良多，校方虽做出了一系列努力，但复校计划一再受阻。校方多次召开会议，才就相关问题达成一致。

1946 年 4 月 22 日，齐鲁大学校董会（The Board of Directors）与大学委员会（University Council）召开会议，共同讨论回迁济南的问题，由于时间有限，此次会议并未进行深入探讨，因此未能形成实质性结果。② 随后，大学委员会于 5 月 2 日就此事单独召开会议，但与会人员仍未达成一致意见。5 月 4 日，根据大学委员会的要求，校董会再次召开会议，在蓉的校董会成员参加了会议，虽然此次会议的出席人数并未达到法定要求，但是与会代

---

① 参见吴克明:《奋斗中之齐鲁大学》,《齐鲁大学校刊》第 68、69 期合刊，1948 年 10 月 30 日。

② H. P. Lair to E. H. Ballou, May 17,1946, RG011-254-4127, Archives of the United Board for Christian Higher Education in Asia, pp.155-156.

表基于对现实情况的预估最终达成了共识：基于目前的政治局势，中国国内应该不会爆发大规模战争，但是局部的间歇性冲突很可能会持续几个月甚至几年的时间。在这种情况下，如果等政局稳定之后再将齐鲁大学迁回济南，可能需要等待数年，这样的话倒不如将学校关闭。如果在成都再待上一学期或者一学年，很可能学校会被削弱。因此，代表们建议在1946年夏天迁回济南，以便秋季学期可以如期开学。① 对于搬迁的路线，代表们认为可以先坐卡车到陇海线上的宝鸡，然后坐火车和卡车到徐州，之后步行或坐马车到大汶口，最后坐火车到济南。而这期间大约有220公里属于无人管理的区域或解放区，这需要校方努力进行协商。此消息公布之后，得到了在蓉教职员和学生的大力支持。②

5月13日，华西协合大学和齐鲁大学联合举办毕业典礼，72名齐鲁大学毕业生参加了此次典礼。③ 随后，在暑期来临之际，齐鲁大学校方通知各年级学生1946年秋季学期将在济南开学，校内外许多报纸也对此进行了报道。但是，国内形势却在暑假期间发生剧变。1946年6月中旬，国民党军队大举进攻中原解放区，全面内战随即爆发。政治局势的迅速恶化，使得长途迁徙困难重

① Minutes of Informal Meeting of the Cheeloo Board of Directors, May 4,1946, RG011-243-3978, Archives of the United Board for Christian Higher Education in Asia, p.81.

② H. P. Lair to E. H. Ballou, May 17,1946, RG011-254-4127, Archives of the United Board for Christian Higher Education in Asia, pp.155-156.

③ H. P. Lair to E. H. Ballou, May 17,1946, RG011-254-4127, Archives of the United Board for Christian Higher Education in Asia, pp.155-156.

重，且济南周围交通断绝，无路可通。8 月中，校方决定秋季学期济南校区只开办一年级和先修班，其余年级的学生仍留在成都寄读于华西协合大学，相关教师亦留蓉任教；[①]学校行政机构自 9 月起一律返回济南，蓉校成立留蓉委员会，负责蓉济两处的联系及蓉校的一切事务，[②]汪德亮教授任留蓉委员会主席。[③]

由于当时只能通过飞机进出济南，所以虽然只是部分复校，过程仍然十分不易，许多教职员工无法在开学前赶回济南，回运的图书、设备等也被滞留别处。9 月 20 日，校长吴克明抵达济南，筹备秋季学期开学事宜。[④]10 月 1 日，济南校区开学，共有 265 名学生完成了注册，其中文学院 58 名、理学院 79 名、医学院 78 名、先修班 50 名。后来，部分暑假期间回到原籍（华北、华东地区）的医学院高年级学生因交通困难不愿再返回成都，申请来济南入学，校方念及实情勉强同意。[⑤]济校开学并不意味着齐鲁大学复校工作的完成，毕竟还有大批教职员工和学生滞留成都，而且济校虽已重新开放，但是不管是在师资、财政等软实力方面，

① 参见吴克明:《奋斗中之齐鲁大学》,《齐鲁大学校刊》第 68、69 期合刊，1948 年 10 月 30 日。

② 参见吴克明:《抗战期间的齐鲁大学》,《齐鲁大学复员纪念特刊》1946 年 12 月 25 日。

③ 参见《文学院前院长汪德亮教授出国考察》,《齐鲁大学校刊》第 59、60 期合刊，1947 年 10 月 30 日。

④ 参见《齐鲁大学校长吴克明抵济，积极筹备开学事宜》,《交通部津浦区铁路管理局日报》第 175 期，1946 年。

⑤ 参见《本校复员后之概况》,《齐鲁大学复员纪念特刊》1946 年 12 月 25 日。

还是在仪器、设备等硬件方面，情况都不容乐观。蓉校亦是如此。学生的课程多数由华西协合大学的教员教授，其他方面也多依靠华西。此外，交通和通信情况的不稳定也使齐鲁大学校方深感两地办学的不便，济、蓉两校本为一体，现在却丝毫没有往日团结的氛围，因此校方一直在积极努力试图能够早日实现完全复校。①

1947 年 5 月，济南周围战事有所缓和，去往济宁和泰安的公路也重新畅通，为早日实现完全复校，校方当即决定从 1947 年秋季学期开始关闭成都校区，各院系各年级均回济南办理。② 但是，对于齐鲁大学未来的发展，美国长老会海外布道会（The Board of Foreign Missions of the Presbyterian Church in the United States of America）却提出了不同的看法。6 月 9 日，该会在给联合董事会齐鲁大学委员会的信中提到，其下属的医务部认为，随着政治和军事形势的变化，齐鲁大学的处境明显恶化，若此时将医学院搬回济南无疑会对其发展构成严重的阻碍，主要表现为生源、师资、设备等的不稳定。因此，为了 9 月医学院能够顺利开学，建议将医学院暂时迁往南京，并敦促齐鲁大学委员会对其建议进行慎重考虑。③ 收到来信后，齐鲁大学委员会第一时间将此建议传

① Cheeloo University President's Report 1946-1947, March,1947, RG011-243-3983, Archives of the United Board for Christian Higher Education in Asia, pp.61-67.

② K'e Ming Wu to Robert J. McMullen, May 29,1947, RG011-267-4280, Archives of the United Board for Christian Higher Education in Asia, pp.31-32.

③ E. M. Dodd to Robert J. McMullen, June 9,1947, RG011-242-3974, Archives of the United Board for Christian Higher Education in Asia, pp.354-355.

达给吴克明校长和赖恩源（H. P. Lair）校务长，赖恩源以“南京的教会大学已经人满为患，无法容纳更多人员”为由予以拒绝。6月24日，齐鲁大学委员会专门开会讨论长老会医务部的建议，经过讨论并综合多方意见，成员们一致认为，由于住宿条件的限制，“在今年秋天将医学院迁往南京”的建议是不明智的。①

最终，根据安排，校方决定于6月30日关闭蓉校，同时催促所有留蓉的教职工和学生按时返回济南，但是由于路费的昂贵和济南形势的不稳定，校方也无法确定回济的具体人数。②自8月起，4名留蓉教师、1名职员和79名学生先后返回济南。③未返回的近100名学生大部分原籍四川，他们将转学至华西协合大学或四川大学继续学习。④8月26日，秋季学期正式开学，齐鲁大学的复校工作至此全部完成。⑤

从1945年8月抗战胜利，至1947年8月复校完成，齐鲁大

① Minutes of Special Meeting Interim Committee Shantung Christian University Committee United Board for Christian Colleges in China, June 24,1947, RG011-242-3974, Archives of the United Board for Christian Higher Education in Asia, pp.351-353.

② Robert J. McMullen to Members of the Cheeloo Committee and the Committee on Medical Education,UBCCC, July 25,1947, RG011-35-908, Archives of the United Board for Christian Higher Education in Asia, p.181.

③ K'e Ming Wu to R.J. McMullen, October 14,1947, RG011-267-4280, Archives of the United Board for Christian Higher Education in Asia, pp.42-45.

④ K'e Ming Wu to Robert J. McMullen, May 29,1947, RG011-267-4280, Archives of the United Board for Christian Higher Education in Asia, pp.31-32.

⑤ K'e Ming Wu to R. J. McMullen, October 14,1947, RG011-267-4280, Archives of the United Board for Christian Higher Education in Asia, pp.42-45.

学的战后复校工作历时两年时间，大体经过了校产接收、战后重建和复校济南三个阶段，相对于其他教会大学来讲，耗时更长，过程也更加曲折，却丝毫没有影响齐鲁大学在战后进一步发展的信心和决心。除了物价以外，当时其他各方面的情况都在逐渐好转。① 形势的稳定给了齐鲁大学宝贵的发展机会，部分战后计划得以付诸实施。

第二节　复员后的短暂发展

一、战后发展计划

抗日战争虽然迟至 1945 年 8 月才结束，但是各教会大学战后计划的制订工作很早就已启动。早在 1943 年底，时任代理校长的汤吉禾就曾写信给理事会（Board of Governors）阐述自己对学校未来的思考，后来他也曾亲自前往纽约就相关问题与理事会成员进行讨论。② 不仅校方如此，大学联合董事会、齐鲁大学英美两部理事会也纷纷于抗战胜利之前成立规划委员会（Planning

① Brief Items from Recent Cheeloo Letters Received in October, 1947, RG011-35-908, Archives of the United Board for Christian Higher Education in Asia, p.184.

② Minutes of Annual Meeting Board of Governors Shantung Christian University, November 3,1944, RG011-242-3974, Archives of the United Board for Christian Higher Education in Asia, pp.253-261.

Committee），制订学校战后发展计划。[①] 各委员会之间联系密切，时常就某些问题开会磋商，校方也与各委员会保持着一定的联系。但是，不同的群体基于各自不同的利益诉求，对战后学校的规划也不尽相同。

从英美联合董事会、大学理事会等海外支持机构的角度来看，它们对战后齐鲁大学的规划基于一个最基本的共识，即从战后齐鲁大学总体的发展预期来看，其对战后中国在教育和人才需求方面的贡献是比较明确的，因此有必要在战后继续为齐鲁大学提供资金、人员及物资支持。[②] 具体来说，上述机构相关规划的落脚点主要集中在教育方面。

教育资源方面，有意整合邻近地区内各基督教大学的教育资源，这一点符合海外支持机构长期以来奉行的中国基督教大学“通盘计划”原则。就齐鲁大学而言，此建议早在 1944 年的齐鲁大学理事会年度会议上就已提出，当时与会人员建议齐鲁大学文理两学院与燕京大学进行密切合作。[③] 为此，联合董事会规

① Minutes of Annual Meeting Board of Governors Shantung Christian University, November 3,1944, RG011-242-3974, Archives of the United Board for Christian Higher Education in Asia, pp.253-261.

② Statement Regarding the Future of Shantung Christian University, March 21,1945, RG011-242-3974, Archives of the United Board for Christian Higher Education in Asia, pp.273-275.

③ Minutes of Annual Meeting Board of Governors Shantung Christian University, November 3,1944, RG011-242-3974, Archives of the United Board for Christian Higher Education in Asia, pp.253-261.

划委员会建议协调东北、河北和山东地区所有的基督教高等教育资源，齐鲁大学作为这一计划的组成部分，首要的目标就是专攻医学、护理和公共卫生三方面，并为过去与它联系紧密的基督教社区（Christian communities）服务。① 而齐鲁大学英国部理事会规划委员会则建议联合燕京大学、齐鲁大学和奉天大学（Mukden University）在中国北方建立一所联合大学（federated university），此学校可命名为华北大学（North China University）；三校联合的具体方式、特殊学科与研究分支的划分需要校方来完成，课程的制定应当避免不必要的重复，而专业化的研究生教育也应该在三校间进行分配。② 由上可见，各机构提出的资源整合方式大同小异，基本都是通过院系间的合作来进行资源的协调与整合。有些建议虽未明言整合教育资源，但是其目的就是希望通过整合各大学间的资源，促进相关学科特别是优势学科的发展，同时通过整体上的统筹避免各校学科设置的交叠与重复，最大限度地减少教育资源的浪费。

在海外支持机构看来，齐鲁大学最具竞争力的优势学科是医学，因此战后在对已有各院系进行定位时，它们普遍强调医学院

① Minutes of Annual Meeting North American Section-Board of Governors Shantung Christian University, May 8,1945, RG011-242-3974, Archives of the United Board for Christian Higher Education in Asia, pp.278-286.

② Minutes of Annual Meeting North American Section-Board of Governors Shantung Christian University, May 8,1945, RG011-242-3974, Archives of the United Board for Christian Higher Education in Asia, pp.278-286.

的突出地位。1945 年 6 月，联合董事会规划委员会通过一项决议，即在使用以所有学院名义筹集到的一般资金时，优先考虑满足医学院的需求。[①] 为使医学院维持在最高的专业水准和学术水平上，此前甚至有人建议减少学院的数量，以集中人力、物力发展优势学科。[②] 不仅如此，海外支持机构还建议校方重视与医学相关的课程，为此它们提议成立一所具备大学程度的护理学院（School of Nursing）。[③] 此项提议于 1945 年 5 月 8 日举行的齐鲁大学理事会北美部会议上被批准，后来又由理事会投票确认。[④] 此前齐鲁大学于 1914 年成立了附属于医学院的护士学校（Training School for Nurses），此学校 1923 年在中华护士会正式立案，但抗战时被迫中止。[⑤] 高水平的医学院需要优秀的护理学院作为后盾，所以成立护理学院的建议一方面符合海外支持机构集中力量发展医学院的构想，另一方面也是基于战后中国医

① Meeting of the Chungking Members of the Cheeloo Board of Directors, June 19,1945, RG011-243-3978, Archives of the United Board for Christian Higher Education in Asia, pp.75-76.

② Minutes of Annual Meeting Board of Governors Shantung Christian University, November 3,1944, RG011-242-3974, Archives of the United Board for Christian Higher Education in Asia, pp.253-261.

③ Statement Regarding the Future of Shantung Christian University, March 21,1945, RG011-242-3974, Archives of the United Board for Christian Higher Education in Asia, pp.273-275.

④ Minutes of Annual Meeting, Bd. of Governors, S. C. U., September 24,1945, RG011-242-3974, Archives of the United Board for Christian Higher Education in Asia, pp.296-303.

⑤ 参见《高级护士学校即将恢复》,《齐鲁大学校刊》第 64 期，1948 年 3 月 31 日。

疗事业的实际需要。战争期间很多护理学院被迫关闭，这导致战后整个中国特别是济南缺乏专业护士，而护士的缺乏也使得医院的运行面临严峻的困难。[①] 因此，在齐鲁大学护理专业负责人梅珍坚（Geneva Miller）看来，护士是战后中国最有价值的职业；同时，她认为护理学院的成立是齐鲁大学为中国社会做出重要贡献的大好机会。[②]

复校济南对于齐鲁大学来说是一个全新的发展起点，在很多人看来这也是对学校格局进行重新调整的最佳时机，此方面比较重要的规划之一是重新开办神学院。[③] 中国的基督教大学自开办以来，因受中国社会需求的影响和中国政治形势的制约，其宗教特性被一再削弱，世俗化倾向不断加强，但是在华基督教大学毕竟是受各差会董事会资助的具有宗教性质的学校，传播耶稣基督的福音、培养具备基督教品格的传道人始终是其教育的主要目标。上述目标在基督教大学战后计划中被再次强调："在中国建立基督教大学的目的是加强基督教运动，它们的独特性在于它们是具有基督教理想的基督教大学，其最高目标是为教会提供领袖，并把

① K'e Ming Wu to R. J. McMullen, October 14,1947, RG011-267-4280, Archives of the United Board for Christian Higher Education in Asia, pp.42-45.

② Geneva Miller to Struthers, January 21,1946, RG011-244-3996, Archives of the United Board for Christian Higher Education in Asia, pp.44-46.

③ Minutes of Annual Meeting, Bd. of Governors, S. C. U., September 24,1945, RG011-242-3974, Archives of the United Board for Christian Higher Education in Asia, pp.296-303.

耶稣精神带入这个国家和世界的经济、政治和社会生活中。”① 齐鲁大学在1931年向国民政府教育部立案的时候，按照立案规定，其原有文理学院、医学院和神学院的格局被打破，文理学院被一拆为二，而神学院名义上从齐鲁大学脱离。战后，面对新的发展机遇，重建和续办神学院几乎成为海外支持机构共同的愿望，北美部理事会对其定位是开发能够对农村地区教堂产生实际作用的推广服务。②

与战后医学院和神学院的地位得到强调和加强的情况相比，文、理两学院的学科价值和合理性再次遭到严重的怀疑和挑战。联合董事会战后规划委员会在1945年的报告中提到，由于华北存在大量重复性的文理学院，因此建议齐鲁大学只保留医学院和附属神学院，将文理学院的授课时间缩短到两年，课程内容则限制在医学先修班和神学先修班所需的内容，同时承担起为齐鲁大学乡村服务事业培养工作人员的任务。③ 对于上述建议，北美部理事会提出反对意见。他们认为，一个拥有合适的农村推广项目的强大文理学院才是医学和神学专业发展的基础，强化所有的院

① 刘家峰：《中美处境下的中国基督教大学战后计划及其争论》，徐以骅主编：《宗教与美国社会》第1辑，北京：时事出版社，2004年，第236页。

② Statement Regarding the Future of Shantung Christian University, March 21,1945, RG011-242-3974, Archives of the United Board for Christian Higher Education in Asia, pp.273-275.

③ Minutes of Annual Meeting Shantung Christian University Committee United Board for Christian Colleges in China, May 15,1946, RG011-242-3974, Archives of the United Board for Christian Higher Education in Asia, pp.324-334.

系是解决齐鲁大学未来可能面临问题的唯一方法，淘汰和缩减计划只会带来更多问题，[①]因此，他们建议，在财政充足的情况下，应当在文理学院开设为期四年的课程。[②]对于文理学院的战后命运，联合董事会最终采纳了中国战后规划委员会（Post-War Planning Commission）的建议，由乡村建设学院（College of Rural Reconstruction）代替文学院，并在有限的范围内继续开办理学院。[③]虽然这一建议遭到文学院师生的强烈反对，但是 1946 年 4 月 22 日的齐鲁大学校董会会议还是予以通过。其实，在 20 世纪二三十年代乡村建设被确定为教会大学服务中国社会的重点领域之后，齐鲁大学就因地制宜地开展了一些乡村建设项目。抗战时期，齐鲁大学的乡村建设项目也受到一定程度的冲击。战后，面对中国全新的发展前景，齐鲁大学重拾乡村计划，这显然符合战后山东乃至全中国的实际发展需求。将文学院改造成乡村建设学院的建议虽得到了校董会和校方的认可，但是它们对乡村建设学院最初几年的招生前景并不看好，同时还提出立即关闭文学院

① Statement Regarding the Future of Shantung Christian University, March 21,1945, RG011-242-3974, Archives of the United Board for Christian Higher Education in Asia, pp.273-275.

② Minutes of Annual Meeting North American Section-Board of Governors Shantung Christian University, May 8,1945, RG011-242-3974, Archives of the United Board for Christian Higher Education in Asia, pp.278-286.

③ Minutes of Annual Meeting Shantung Christian University Committee United Board for Christian Colleges in China, May 15,1946, RG011-242-3974, Archives of the United Board for Christian Higher Education in Asia, pp.324-334.

并着手创办乡村建设学院的做法是不明智的，应当设置一个过渡期，以实现两者间的逐步过渡。①

总的来看，海外支持机构对齐鲁大学战后的规划大部分都符合齐鲁大学自身的发展现状和中国社会的实际需要。同时，作为支持性机构，它们不免会以效益最大化的原则来衡量每个院系的价值，显然，相较于研究性，应用性在它们看来更能创造价值，所以在战后的规划中，医学院、神学院和乡村建设学院这些应用性比较强，能有效地服务于山东广大农村的学院被放在了优先发展的位置上，而偏重于研究性的文理学院则隶属于其他，甚至被直接取缔，文理学院师生的利益和诉求几乎完全被忽视。

除了海外支持机构以外，国民政府教育部也对基督教大学战后工作提出了建议。战时基督教大学不管是在精神上还是在社会事业方面都给予国民政府较大的支持，战后国民政府更是对包括齐鲁大学在内的在华基督教大学寄予厚望。1945 年 8 月，在成都视察的国民政府教育部次长杭立武就战后基督教大学复员及发展等问题约谈了当时在成都的五所教会大学的有关人员。会议上，杭立武次长表达了教育部对私立学校的殷切期望，他提到国立学校在未来十年内无法为国家提供所需的领导人才，所以教育部必定会支持私立学校的工作。在谈到基督教大学未来工作的着眼点

① Cheeloo University Minutes of Meeting of Board of Directors, April 22,1946, RG011-243-3978, Archives of the United Board for Christian Higher Education in Asia, pp.78-80.

时，他表示应当在资源范围内专注于高质量的工作，尝试并领导新的教育方向，例如视觉教育、医药等，而不应盲目地扩张，教育部将在课程、学时方面给予教会大学一定的特权。① 上述内容充分体现了国民政府对基督教大学教育工作的支持和重视。

海外支持机构和教育部主要是从宏观的层面来思考战后齐鲁大学的学科布局和发展方向，而学校的任课教师则是从微观层面来思考其所在院系未来发展的细节性问题。例如，作为一线教师，医学院的侯宝璋教授认为，医学院的未来计划应该由在华人员而不是西方的董事会决定，师资是医学院未来发展的重要一环，现阶段医学院所需人才不再是从事一般工作的全科医生，而是相关领域的专家；齐鲁大学是为国家培养人才的，因此优秀的毕业生不应都为齐鲁大学所用，同时也应该吸纳其他机构的毕业生来齐鲁大学充当教员，等等。②

在考虑多方因素并听取各方建议之后，齐鲁大学校方颁布了战后教育计划及任务，具体如下：

> 医学院：根据本校医学院已往的成绩，及在医学界所获得之机会，更将尽力发展，使成为国内强有力的医学教育学

---

① Record of Meeting with Vice-Minister Han Lin Wu, August 6,1945, RG011-253-4104, Archives of the United Board for Christian Higher Education in Asia, p.486.

② Hou Pao Chang to Struthers, January 15,1945, RG011-253-4113, Archives of the United Board for Christian Higher Education in Asia, pp.1194-1198.

府。刻正延揽中外著名学者来校任教，并获得二百五十病床之附属医院全部设备，此项发展计划，一俟交通稍复，当不难次第完成。

文理两学院合并为文理学院：为保存本大学固有特长，培植实际应用人才计，次定自下学年度接受大学托事部之建议，将文理两学院合并为文理学院，在切合实际情形之原则下，将原有各学系，与以调整，无线电专修科亦一并恢复。尽力充实设备，谋求学系质素的提高，期能培植提高全校学生基本学习之训练，并优良专人，以应国家科学与文化建设之需要。

增设农工学院：大学联合托事部，因重视本校过去的服务机会及今后实际的需要，故有此规定。此项事业为今后重要事业之一，不但适合建国需要，更符合本校的传统精神。本校对此已作详切具体的计划。至于院中各学系的增设，工厂的设备，立案的手续，均在详筹熟计之中。刻正积极进行，筹备进展当随时应校刊报告。①

由上可知，齐鲁大学战后更侧重于应用型人才的培养，这符合抗战胜利后中国社会各方面建设的实际需要，同时也符合齐鲁大学长期以来秉承的服务社会的传统精神。

① 孙恩三：《抗战后本大学的教育计划及其任务》，《齐鲁大学复员纪念特刊》1946年12月25日。

二、发展成果

战后计划既已制订，复员工作完成之后，其他工作也逐渐步入正轨。但是，在计划执行过程中，由于不可控因素的影响，齐鲁大学的原定计划未能全部付诸实践。具体来看，战后齐鲁大学主要在以下方面有所发展。

齐鲁大学战后在乡村建设上着力颇多，此方面也取得了一些成果。其中，乡村建设学院的增设是战后齐鲁大学推进乡村建设项目的重要一环。自此计划确定以后，校方便开始筹措资金，“罗致专家，商洽教部同意”。经过积极筹备，1946 年底，校方宣布“下年度即可正式招生”，学院名称则定为“农政学院”或“农工学院”。[①] 后来，由于种种困难，相关计划被迫推迟。于是，校方决定从 1947 年秋季学期开始“先在文学院课程中增开农业课程”以满足社会需求，增开的课程有农村社会学、农业推广、农村社会组织学、农村社会调查及农村经济学等。[②] 与此同时，为方便农业教学及学生实习，校方“在济南市西郊十五里地之王官庄设立乡村建设实验站一处”，此实验站计划在广泛调查的基础上在当地开展一些乡村建设项目。例如，经济方面，通过开办小工场及信用合作社等方式进行经济合作，改善当地经济环境；卫生方

---

① 参见《齐鲁大学胜利归来》,《齐鲁大学校刊》第 54 期，1946 年 11 月 30 日。

② 参见《文学院增开农业课程》,《齐鲁大学校刊》第 59、60 期合刊，1947 年 10 月 30 日。

面，设立诊疗所，解决当地卫生问题。[①] 由上可见，乡村建设实验站设立的初衷只是基于农业课程的教学及实习需要，其相关项目的顺利开展却是齐鲁大学各学院师生相互合作、共同努力的结果。此外，为了更好地推进乡村建设项目，齐鲁大学在师资延揽方面也做出了很大的努力。1947 年，校方邀请农业专家杨勉斋博士到校主持乡村计划，还聘请农业专家贾伟良博士到校任农业推广主任、任清玉女士任家政主任，而乡村建设实验站则由马廷璋和星兆钧两位先生负责。[②]

医学作为齐鲁大学的主要学科，战后也得到一定程度的发展，特别是护理方面。复员以后校方虽未立即着手增设护理学院，但是为了提高护理水平，于 1946 年设立了四年制的大学护士班，该班前两年重视理论学习，后两年则多在医院实习。由于护士严重缺乏，1948 年 3 月，校方又决定恢复原有高级护士学校的招生。硬件设施方面，为强化学生的理论学习，护士系系主任梅珍坚在 1948 年春季学期建立了一间实验病房，内配备医院相关设备，每周开放三个下午以供护士系学生实习。[③] 此外，医学的其他方面在战后也取得了一定成绩，如生物化学与生理学新式实验室的建成、医事技术专修科在教育部成功立案等。

除此之外，复员后的齐鲁大学还在很多方面有所发展，如附

① 参见《乡村建设实验站筹备处成立》,《齐鲁大学校刊》第 59、60 期合刊，1947 年 10 月 30 日。

② 参见《校务会议摘录》,《齐鲁大学校刊》第 59、60 期合刊，1947 年 10 月 30 日。

③ 参见《护士系消息》,《齐鲁大学校刊》第 65 期，1948 年 4 月 30 日。

属小学和附属医院社会服务部的恢复、学校农场在社区服务中的积极作为等。虽然理学院的地位在战后遭到海外支持机构的质疑，但是校方还是一如既往地支持理学院的工作，经过多方努力，因战后设备短缺而停摆的化学系和物理系实验课程也逐渐恢复。

第三节　抗战胜利后复员中的各方关系

抗战复员建设时期是齐鲁大学历史上的一个特殊阶段。此前，由于战争的破坏，学校在设备、物资等方面损失惨重，因此这一阶段齐鲁大学各方面都亟须修复和重建。而抗战复员工作千头万绪，绝非齐鲁大学一己之力可以完成，海内外机构、个人在物质和精神方面都给予了齐鲁大学很大的支持，在此过程中，齐鲁大学也与其建立了多元的互动关系，这也使此阶段齐鲁大学与各方关系呈现出一些新特征。

一、齐鲁大学与政府的关系

抗战复员建设时期，国民政府各部门在经济、师资等方面都给予齐鲁大学很大的帮助。经济上，各级教育机构对齐鲁大学援助颇多，不仅包括资金援助也包括设备和物资援助。1947 年，为使齐鲁大学附属医院早日复员，国民政府教育部通过中央银行给齐鲁大学汇拨修建费一亿元，[①]后来又于1948年追加四千万元。[②]1948年3月，济南局势一度十分紧张，部分师生仓皇逃往南京，教育部闻讯后拨款一千万元，“以资救济”。[③]除了直接提供经济援助外，教育部还尝试从其他机构为包括齐鲁大学在内的学校争取援助。例如，1945年，为帮助私立学校复校，教育部从行政院争取到五十亿元的复员基金。诸如此类的救助，在很大程度上为战后的齐鲁大学解了燃眉之急。

除了教育部门，山东省政府、山东省难民救济协会、济南市政府等部门也曾为齐鲁大学提供经济援助。以山东省政府为例，1947～1948年，山东省政府向齐鲁大学提供了共计四百二十一万元的资金资助，另外还拨发了毛毯、衣服、羊毛制品和面粉等物资。[④]师资方面，战后济南形势的不稳定使很多人对齐鲁大学望而却步，因此各院系特别是文学院都出现了师资短缺的问题。为此，山东省政府抽调部分工作人员到齐鲁大学义务兼课。例如，省教育厅厅长李泰华曾到校讲授西洋经济史、财政厅厅长尹文敬讲授财政学、山东省府秘书主任刘茂华讲授文学史、

① 参见《教育部核拨本大学医院建设费》,《齐鲁大学校刊》第56期，1947年3月30日。

② 参见《教育部追加本校附属医院开办费》,《齐鲁大学校刊》第65期，1948年4月30日。

③ 参见《教育部特予补助本校学生福利金千万》,《齐鲁大学校刊》第65期，1948年4月30日。

④ Cheeloo University President's Report 1947-1948, RG011-36-911, Archives of the United Board for Christian Higher Education in Asia, pp.316-322.

中央信托局驻济办事处主任吴本仁先生讲授会计学，此外，徐庆誉等人也曾到校讲授哲学概论。① 上述人员都是当时国内各领域的知名学者，他们的到来有效地缓解了齐鲁大学师资匮乏的问题，使得相关课程得以顺利开展。除此之外，国民政府还多次派专员到齐鲁大学走访。1945 年，杭立武就曾到医学院视察，并表示将代齐鲁大学向行政院善后救济总署（Chinese Nation Relief and Rehabilitation Administration）递交重建申请。在杭立武次长的热心帮助下，总署最终批准了齐鲁大学的请求，并为医学院拨发了二百五十张病床和其他一些设备。②

教育部门除为齐鲁大学提供必要的援助外，还通过制定相应的制度和标准来规范其教学活动，主要集中于院系立案、课程设置和学分计算等方面。以医事检验技术专修科为例，该科自 1928 年附设于齐鲁大学医学院，下设细菌、血清等五大实验室，其毕业生“均在政府及教会医药机关暨医院等担任化验室工作及医药学校教员等职”。但是教育部对该科的立案手续至 40 年代才办理完成，齐鲁大学该科也迟至 1947 年才立案成功。③ 而且，教育部规定“课程表应改称科目表，三民主义应为四学分，并应加伦理学三学分，各科目实数应改计学分”，对于立案之前招收的学生，

① 参见《校务会议摘录》,《齐鲁大学校刊》第 59、60 期合刊，1947 年 10 月 30 日。

② E. B. S. to Annie Scott, December 7,1945, RG011-247-4023, Archives of the United Board for Christian Higher Education in Asia, p.162.

③ 参见《医事技术专修科已核准备案》,《齐鲁大学校刊》第 59、60 期合刊，1947 年 10 月 30 日。

教育部也不予追认资格。[①] 除了教学以外，像师生奖励金、福利金的发放，教育部门也会制定详细的标准。例如，1947 年教育部下发给各校的《教育部著作发明及美术奖励规则》分类明确，条陈清晰，标准也十分严苛。

此阶段齐鲁大学校方和广大师生对国民政府的相关工作也予以配合。首先，学务方面，对教育部门的各项规定能够比较严格地落实。例如，在立案问题上，对于新设院系，齐鲁大学校方都会到教育部办理注册手续，以寻求教育部门和国内有关机构对该专业毕业生资格的认可。再如，1948 年高级护士学校的恢复，一切事宜都是“遵照部颁高级护士学校规程办理”。[②] 各级教育机构下发给学校的公文通知，校方会及时在校刊上刊登以周知众人，而学校的工作计划和动态校方也会随时报备教育部门。其次，对政府部门的一些日常活动，齐鲁大学也表现出积极的配合态度。例如，1948 年，为厉行节约，山东省教育厅发起了“不宴会、不送礼、不拜会”的“三不运动”，齐鲁大学校方“当即热烈响应以为倡导，农年初一，全校师生仅在神科楼礼堂于早祷毕举行一简单团拜，互道‘恭喜’，旧年一套来往习俗算是了事”[③]。

另外，此阶段齐鲁大学的学生也积极参加了国民政府的相关活动。例如，1947 年底，史社系四年级学生汪云锦参加了山东省

① 参见《教育部代电》,《齐鲁大学校刊》第 59、60 期合刊，1947 年 10 月 30 日。

② 参见《高级护士学校即将恢复》,《齐鲁大学校刊》第 64 期，1948 年 3 月 31 日。

③ 《响应教厅三不运动 农年师生团拜了事》,《齐鲁大学校刊》第 63 期，1948 年 2 月 29 日。

妇女界国大代表的竞选，并号召齐鲁大学学生为其投票。[①]1948年，山东省举办第七届全国运动会预选会，齐鲁大学学生颇为踊跃。[②] 诸如此类的学生活动，也间接促进了学校与官方的互动。

山东省政府主席王耀武也到校参加活动，对齐鲁大学的有关工作予以支持。在校产接收过程中，正是因为王耀武的帮助，斐礼伯等人才得以将散落在济南各处的部分齐鲁大学校产寻回。[③] 后来，王耀武还经常以个人名义对齐鲁大学进行资助。抗战时期，日方因建筑围墙而将123亩民地圈于校园内，战后王耀武出资购买了这些土地并将其赠予齐鲁大学。[④] 不仅如此，王耀武还十分关心齐鲁大学教职工的生活，在战后物价高涨的情况下，每逢节日都会馈赠面粉、毛毯、被面等实物。[⑤]

抗战复员建设时期，齐鲁大学虽与政府部门保持了良好的互动关系，但是作为一所私立教会学校，难免会与国民政府产生矛盾，此阶段双方的矛盾主要集中于物资所属问题。日占期间，齐鲁大学校园被日方用作部队医院，而战争胜利后日方医院则被国民党的部队医院接管，日方医院留下的设备等也被移交给了这些

① 参见《女生宿舍消息》,《齐鲁大学校刊》第62期，1947年12月31日。

② 参见《本校春季运动大会筹备开始》,《齐鲁大学校刊》第64期，1948年3月31日。

③ Edward Phillips to Friends, February 8,1946, RG011-256-4160, Archives of the United Board for Christian Higher Education in Asia, pp.969-972.

④ Cheeloo University President's Report 1947-1948, RG011-36-911, Archives of the United Board for Christian Higher Education in Asia, pp.316-322.

⑤ 参见《王佐民主席关怀教职员清苦生活》,《齐鲁大学校刊》第61期，1947年11月30日。

医院，在此过程中，很多原属齐鲁大学的设备和家具被当作日方物资移交给其他组织。由于校方并不了解战后校产的具体情况，并且国民党军队认为自己有权接管任何不带齐鲁大学标志的物资，所以校方也无法确定被其他部门强行接管的校产的具体数量。① 双方因为物资所属问题频繁发生冲突，最具代表性的“乳牛事件”在最激烈的时候甚至惊动了大使馆。为防止更多的齐鲁大学校产被强制性运走，医学院院长杜儒德果断决定关闭学校主门并中断校内所有交通，并致电王耀武和国民政府军政部。王耀武下令制止所有的运输行为，并委派一名官员负责协调。经过谈判，双方最终达成了一份折中协议，此协议得到了国民政府军政部的认可，校方对协议内容也比较满意。② 那些被运走的物资在齐鲁大学校方的强烈抗议之下多数被送还，并且国民政府军政部承诺剩下的物资也将在四月底之前全部送还。③ 虽然山东省政府和国民政府军政部对上述事件的处理结果得到齐鲁大学认可，但是此次事件的发生以及过程中的种种情形还是让齐鲁大学校方特别是外籍员工对国民政府有关部门的行为十分不满，他们不愿再相信国民政府，杜儒德甚至认为这就是一场骗局。

---

① Ernest B. Struthers to Evans, May 9,1946, RG011-247-4023, Archives of the United Board for Christian Higher Education in Asia, pp.156-157.

② Edward Phillips to Friends, May 5,1946, RG011-256-4160, Archives of the United Board for Christian Higher Education in Asia, pp.973-975.

③ Ernest B. Struthers to Evans, May 9,1946, RG011-247-4023, Archives of the United Board for Christian Higher Education in Asia, pp.156-157.

由上可见，抗战复员建设时期齐鲁大学与国民政府之间虽然因为物资所属问题产生了一些矛盾和不愉快，但是双方的关系总体上还是比较融洽的，并且可以看出双方都有意加强与对方的联系，也一直在朝着这个目标努力。可以说，这一阶段双方维持着良好的多元互动关系，这种互动关系也是基于各自的现实需要做出的理性选择。从齐鲁大学方面来看，其战后谋求与国民政府关系的进一步发展，一个很重要的原因是来自海外的资助有所减少。

二、齐鲁大学与海外支持机构、中国非政府机构的关系

战争结束之前，通过对战后齐鲁大学发展前景的评估，海外的董事会认为有必要在战后继续对齐鲁大学的工作进行资助。但是受战争的影响，战后以英美联合董事会为首的海外支持机构为基督教大学募捐的难度陡然增加，各机构的财政状况不容乐观，能够提供给基督教大学的援助也大不如前。就人力来说，战后齐鲁大学在师资和行政人员方面都十分缺乏，为此杜儒德给多个董事会写信请求它们派遣有关人员，但是得到的回应却寥寥。[①] 而在资金方面，此前董事会的拨款一直是齐鲁大学最稳定、最重要的收入。在战后物价飞涨的情况下，此方面收入的突然减少，使齐鲁大学的财政状况出现危机。为维持学校的正常运转，校方尽

① Paul J. Laube to Gerald F. Winfield, November 17,1946, RG011-267-4280, Archives of the United Board for Christian Higher Education in Asia, p.10.

可能地减少财政支出，例如通过停开所有选修课、停招部分专业新生、高低年级学生合并上课等方式，削减教职员数量。[①]

除了资金方面的压力外，各董事会因为事务繁多，有时无法周全每个学校的需求，特别是基督教大学联合董事会，需要处理在华十三所基督教大学的各类事务，其工作人员都异常忙碌，而齐鲁大学没有一个具有官方身份的人常驻纽约，所以联合董事会有时并不清楚齐鲁大学的一些特殊需要，也就无法为齐鲁大学提供针对性的帮助。[②]1946 年，身处纽约的医学院教授侯宝璋写信向校方抱怨说，由于齐鲁大学在纽约没有任何“总部”，所以他无法获得建议和帮助。因此，他认为齐鲁大学急需一位代表校方常驻纽约的“自己人”来确保齐鲁大学的利益。为解决上述问题，1946 年 11 月，校方正式决定邀请塞缪尔·科克伦（Samuel Cochran）博士担任齐鲁大学在纽约的官方秘书。[③]

尽管战后的经济形势不容乐观，但是海外各董事会还是尽最大努力为齐鲁大学提供各方面的援助。1946 ～ 1947 学年，齐鲁大学总共筹集到复员建设基金捐款 109731 美元，其中联合董事

---

① K’e Ming Wu to Robert J. McMullen, May 29,1947, RG011-267-4280, Archives of the United Board for Christian Higher Education in Asia, pp.31-32.

② Cheeloo University School of Medicine, School of Nursing, and University Hospital Report and Recommendations Submitted to Presbyterian Conference, Shanghai, November 14,1946, RG011-245-4012, Archives of the United Board for Christian Higher Education in Asia, pp.62-66.

③ Paul J. Laube to Gerald F. Winfield, November 17,1946, RG011-267-4280, Archives of the United Board for Christian Higher Education in Asia, p.10.

会拨款 62764.48 美元，约占总额的 57%。① 由此可见，此阶段海外拨款仍是齐鲁大学最主要的资金来源。除了经济拨款外，董事会还为齐鲁大学提供物资援助并想方设法为其募集物资。例如，美国董事会为医学院及医院购得设备九十四箱，“其中有显微镜一百二十八架及其他物品多种”②；英国董事会为齐鲁大学募得分光仪谱全套，此设备当时在国内“尚属稀有之物”③；英国化学制药公司也应英国董事会之请为化学系捐赠精纯药品十几种；④ 此外，联合董事会还尽力资助齐鲁大学教员出国进修。⑤

除了各董事会，联合国善后救济总署（United Nations Relief and Rehabilitation Administration）在战后也为齐鲁大学提供了诸多援助，主要集中于物资方面。这些物资由国民政府行政院善后救济总署及其下属的鲁青分署负责与齐鲁大学校方接洽，主要包括：二十八头世界最优品种乳牛，“其价值每头约值美金百元以上”⑥；药物四百五十箱；⑦ 牙科设备和深度X光；⑧ 化学材料“镭

① Report of the Treasurer of the Shantung Christian University Committee, June 30,1946, RG011-242-3974, Archives of the United Board for Christian Higher Education in Asia, pp.360-362.

② 《医学院及医院设备已运抵青岛》,《齐鲁大学校刊》第 56 期，1947 年 3 月 30 日。

③ 《苏格兰闻人捐赠本校分光仪器》,《齐鲁大学校刊》第 56 期，1947 年 3 月 30 日。

④ 参见《英国化学公司赠送大宗药品》,《齐鲁大学校刊》第56期，1947年3月30日。

⑤ 参见《联合托事：资助教员出国进修》,《齐鲁大学校刊》第 56 期，1947 年 3 月 30 日。

⑥ 《校务会议摘录》,《齐鲁大学校刊》第 59、60 期合刊，1947 年 10 月 30 日。

⑦ 参见《大批物资源源运来》,《齐鲁大学校刊》第 59、60 期合刊，1947 年 10 月 30 日。

⑧ 参见《杜儒德院长因公飞沪》,《齐鲁大学校刊》第 61 期，1947 年 11 月 30 日。

锭”260毫克；等等。[①]

上述两方面援助是这一时期齐鲁大学海外援助中比较稳定的部分。除此之外，还有一些海外的机构和个人也在抗战复员的艰难时刻为齐鲁大学提供了帮助。1946年10月，加拿大红十字会给齐鲁大学捐赠了一批非常珍贵的手术设备，包括手术台、柜橱、亚麻制品、搪瓷器皿等；[②]英国红十字会和澳大利亚红十字会也曾为齐鲁大学捐赠款项和物资；[③]《时代》杂志创办人鲁斯先生捐赠《时代》杂志、《生活》杂志及其他医学新书数千册；[④]一位英国慈善家捐赠5000美元用于附属医院购置病床；[⑤]等等。这些捐赠虽然数量普遍不多也不太稳定，但对于齐鲁大学师生来说弥足珍贵。

和与其他机构联系密切的情况相比，这一时期齐鲁大学与哈佛燕京学社的关系则出现危机，原因是哈佛燕京学社认为齐鲁大学在没有组织好教学工作的情况下过度开展研究工作。双方的矛盾并不是战后才出现的，早在1940年哈佛燕京学社负责人就曾写信要求齐鲁大学校方平衡教学和研究，但是并没有得到校方的理

---

① 参见《救济物资本校又得到一部分》,《齐鲁大学校刊》第64期，1948年3月31日。

② Report of the Superintendent, July 1-December 31,1947, RG011-247-4023, Archives of the United Board for Christian Higher Education in Asia, pp.167-177.

③ Ernest B. Struthers to Evans, May 9,1946, RG011-247-4023, Archives of the United Board for Christian Higher Education in Asia, pp.156-157.

④ 参见《齐鲁大学 八十三年的古老学府》，山东省政府秘书处编:《鲁政一年》，1947年，第153～158页。

⑤ 参见《英慈善家惠赠英镑五千》,《齐鲁大学校刊》第64期，1948年3月31日。

会。在与校方沟通无果后，1946 年 1 月，哈佛燕京学社负责人写信给理事会，要求齐鲁大学在搬回济南时做出整改，否则从下一学年开始将取消对齐鲁大学的资助。① 哈佛燕京学社的资助一直是齐鲁大学文学院办学资金的重要来源，所以在得知消息后吴克明校长立即按照哈佛燕京学社的建议采取了行动。虽然由于通信的不畅，哈佛燕京学社未能及时收到齐鲁大学的整改结果，② 但是从后来哈佛燕京学社对齐鲁大学的资助情况来判断，其并未中止对齐鲁大学的资助。

总的来看，此阶段齐鲁大学与海外各机构联系十分密切，它们不仅为齐鲁大学提供经济援助，还经常派代表到齐鲁大学访问，这些嘉宾的到来不仅为齐鲁大学师生带来精神上的慰问和支持，更重要的是能够为齐鲁大学带来进一步的援助和合作项目。如 1947 年美国麻风病协会执行执事凯勒 – 斯伯格（E. Keller-Sburger）、英国麻风病协会干事唐纳德 · 米勒（A. Donald Miller）等人在卫生部防疫司科长陪同下到齐鲁大学参观麻风病院，通过洽谈决定将中国诊治麻风病及培植麻风病医生分为岭南大学、华西大学和齐鲁大学三个中心区，“并将以大量设备及经费供给此三

---

① Serge Elisseeff to the Board of Governors of Shantung Christian University, January 4,1946, RG011-253-4109, Archives of the United Board for Christian Higher Education in Asia, pp.964-965.

② Eaile N. Ballor to the Members of the Shantung Christian University Committee, United Board for Christian Colleges in China, February 7,1946, RG011-253-4109, Archives of the United Board for Christian Higher Education in Asia, p.966.

大学之麻风病院应用”①。

抗战结束后，虽然有海外支持机构的援助，齐鲁大学在各方面仍感困难。另外，受战事影响，这一时期济南的交通和通信状况时好时坏，这极大限制了齐鲁大学与海外的联络，不仅自身的需求无法及时传递，物资的运送也受到影响。为顺利渡过难关，齐鲁大学一方面尽力控制支出，另一方面也设法从国内获得更多援助。

而从国内来看，除了前文所述的政府机构外，此一时期齐鲁大学与国内广大工商界人士关系也比较密切，在校刊每期刊登的《复员建设捐款征信录》中经常能看到各银行、钱庄等的捐款信息。另外，此一时期齐鲁大学与校友的关系也更加紧密。校刊每期都设有“校友通讯”专栏，内容涉及各位校友的来函节录、婚丧嫁娶、职位升迁、通讯变更等各种内容。对于母校的情况，校友们也十分关心，经常利用出差的机会到学校慰问，有些即使不能亲临也会时常写信致意。而在母校落难之际，校友们也纷纷解囊相助。各地校友会经常组织募捐活动，为母校筹措物资。为支持农政学院的发展，某校友捐赠“济南市黄台桥附近沿小清河两岸之水旱良田二百余亩作为农场之用，并允捐农业机械系所需要之铣床数部”②。

抗战结束后，面对抗战复员建设的巨大需求，齐鲁大学校方

① 《嘉宾来访麻风病院》,《齐鲁大学校刊》第62期，1947年12月31日。

② 《本校农学院计划秋季招生》,《齐鲁大学校刊》第63期，1948年2月29日。

根据实际情况，在与海外支持机构保持密切联系的同时也加强了与国内党政工商各界的联系，这使齐鲁大学相比于其他国立学校能够获得更多的资助，但是与资助同时而来的还有更大的压力和更多的束缚。

第二章
解放战争时期二次南迁（1948 ~ 1949）

第一节　再次迁离济南

一、二次南迁的背景

抗战胜利后的三年多时间里，虽然齐鲁大学顺利完成了复校复员工作，取得了一些发展成果，但是抗战的结束并没有给齐鲁大学师生带来期盼已久的和平与宁静，内战一直是此阶段齐鲁大学面临的最大难关。

抗战胜利后，国民党一面假意同中共谈判，一面“迅速调动兵力沿平汉、津浦铁路北上，抢夺抗战胜利果实，并向解放区进攻”。在对济南的战后收复工作中，国民党方面占得先机。日本军队甫一投降，国民党山东省政府主席何思源便于 1945 年 8 月

18 日进入济南开始接收工作。之后，国民党方面又多次向济南调集军队，以确保济南城万无一失。作为回应，解放区军队在 1945 年 10 月至 12 月的津浦路阻击战中相继解放邹县、滕县等地，并步步向济南逼进。1946 年 1 月，新四军一纵三旅包围泰安，[①]计划于农历新年之前解放济南。[②]可见，当时中共和人民军队在济南周围乃至整个山东已处于相对优势地位。3 月，由周恩来、张治中、马歇尔组成军事调停三人小组来到济南视察，此后济南的局势有所缓和。

对于当时的局势，齐鲁大学校董会认为当前政治的分裂虽然会使局部性的冲突连续不断，但是应该不会爆发大规模的内战，因此建议成都校区尽快搬回济南。但是局势却在 1946 年夏天发生变化，6 月 26 日，国民党军队大举进攻中原解放区，全面内战爆发。随后济南的局势也再度紧张，直到 1947 年春天才有所缓和。1947 年春，国民党虽调集四十多万兵力对山东解放区发动重点进攻，但是战争最初只涉及鲁南地区，因此到 5 月时济南的情况已经有了明显的好转，从济南到济宁和泰安的公路已经重新开通。[③]齐鲁大学校方曾在信中提到济南的各方

---

① 参见泰安市泰山区、郊区地方史志编纂委员会编：《泰安市志》，济南：齐鲁书社，1996 年，第 498 页。

② Edward Phillips to Friends, February 8,1946, RG011-256-4160, Archives of the United Board for Christian Higher Education in Asia, pp.969-972.

③ K'e Ming Wu to Robert J. McMullen, May 29,1947, RG011-267-4280, Archives of the United Board for Christian Higher Education in Asia, pp.31-32.

面特别是交通方面的情况都有所改善。[1] 此前由于煤炭运输受阻，济南的供电和供水已中断多时，到 11 月时，煤炭开始大量运入济南，城市的供电和供水相继恢复。[2]

但是，局势却在短时间内急剧变化。1947 年 10 月，随着胶河战役的胜利，人民解放军在胶东地区转入战略进攻阶段。[3]1947 年底莱阳解放后，山东地区的国民党部队陆续被南调到其他战场，余下的兵力无法“防守胶济、津浦、陇海三条铁路及沿线重要据点和城镇”[4]。人民解放军乘势沿胶济铁路一路西进，步步逼近济南。1948 年 3 月初，山东兵团主力部队已行进至淄博一带。3 月 11 日，七纵包围张店。3 月 12 日，攻克周村，全歼敌军。3 月 13 日，七纵一部包围淄川。[5] 为保护外籍人员的安全，王耀武通知在济的外国人尽快离开，南下避难。接到通知后，包括 10 名美国人、16 名英国人和 4 名加拿大人在内的齐鲁大学半数外籍教员[6] 在国

---

① Brief Items from Recent Cheeloo Letters Received in October 1947, RG011-35-908, Archives of the United Board for Christian Higher Education in Asia, p.184.

② Cheeloo University President’s Report 1947-1948, RG011-36-911, Archives of the United Board for Christian Higher Education in Asia, pp.316-322.

③ 参见唐致卿、岳海鹰：《山东解放区史稿 解放战争卷》，北京：中国物资出版社，1998 年，第 178 页。

④ 唐致卿、岳海鹰：《山东解放区史稿 解放战争卷》，北京：中国物资出版社，1998 年，第 179 页。

⑤ 参见唐致卿、岳海鹰：《山东解放区史稿 解放战争卷》，北京：中国物资出版社，1998 年，第 184 页。

⑥ 参见《齐鲁外籍教职员半数已离济抵京》，《申报》1948 年 3 月 20 日，第 6 版。

民党方面的帮助下于3月15日撤离济南，[①] 乘火车仓皇逃往南京，同行的还有 72 名医学院学生。[②] 上述人员离济之后，齐鲁大学留济师生也停止上课。后来，因局势有所缓和，学校重新开始上课。[③] 南逃的师生在山东省难民救济协会等机关团体的帮助下也于两周内陆续返校。[④] 此后，济南的局势愈为紧张。1948 年 7 月兖州战役后，人民军队已完全解放济南近郊的章丘、泰安、肥城、齐河诸县，对济南形成包围之势。[⑤]

由上可见，济南局势的紧张也使齐鲁大学师生苦不堪言。用吴克明校长的话说："在济两年，始终在窒息的空气中度生活。"[⑥] 而时局的动荡以及由此产生的一系列连锁反应也是齐鲁大学最终在 1948 年夏天决定再次迁校的重要原因。

首先，对外交通几乎断绝。1946～1948 年，东西向的胶济铁路通车时间不足五十天，津浦铁路济浦段通车时间也仅有五个

---

① Minutes of Annual Meeting Shantung Christian University Committee United Board for Christian Colleges in China, May 10,1948, RG011-242-3974, Archives of the United Board for Christian Higher Education in Asia, pp.356-359.

② 参见《齐鲁外籍教职员半数已离济抵京》,《申报》1948 年 3 月 20 日，第 6 版。

③ 参见《齐鲁大学复课》,《申报》1948 年 3 月 22 日，第 6 版。

④ 参见《教育部特予补助本校学生福利金千万》,《齐鲁大学校刊》第 65 期，1948 年 4 月 30 日。

⑤ 参见唐致卿、岳海鹰:《山东解放区史稿 解放战争卷》，北京：中国物资出版社，1998 年，第 193 页。

⑥ 吴克明:《奋斗中之齐鲁大学》,《齐鲁大学校刊》第 68、69 期合刊，1948 年 10 月 30 日。

月。[①] 公路因常常被征为军用而长时间断绝。以 1946 年来说，除了深秋的几周时间外，其余时间只能通过飞机进出济南。[②] 由于交通困难，成都校区合计一百多箱的图书和仪器，自 1946 年秋天开始运输，除小部分运抵宝鸡外，其余部分在运抵广元时，因汽车被军队征用，直至次年夏天才运达西安，之后由于洪水破坏和战争的封锁，陇海铁路一直未能贯通，上述图书、仪器便一直滞留西安。[③] 图书和仪器的滞留影响了齐鲁大学正常的教学工作，特别是医学院和理学院各实验室实验课程的进行。

其次，国民党政府滥发纸币引发通货膨胀，带来物价的上涨。[④]

在济南，面粉价格，1945 年 9 月抗战胜利时每袋为 250 元左右，到 1948 年 8 月则上涨为 2400 万元 1 袋，上涨近 10 万倍；生油价格每斤由 19 元上升为 87 万元，上涨 4.6 万倍；煤炭每吨由 1500 元上涨为 2 亿元，上涨 13 余万倍；棉纱每件由 4.6 万元上涨为 17.5 亿元，上涨 3.8 万倍。黄金 1 两

① 参见吴克明:《奋斗中之齐鲁大学》,《齐鲁大学校刊》第 68、69 期合刊，1948 年 10 月 30 日。

② Cheeloo University President's Report 1946-1947, March,1947, RG011-243-3983, Archives of the United Board for Christian Higher Education in Asia, pp.61-67.

③ 参见吴克明:《奋斗中之齐鲁大学》,《齐鲁大学校刊》第 68、69 期合刊，1948 年 10 月 30 日。

④ Edward Phillips to Friends, January 5,1946, RG011-244-4004, Archives of the United Board for Christian Higher Education in Asia, pp.165-170.

1946 年 1 月折合法币 8.1 万元，到 1947 年折合 49.5 万元，上涨 6 倍多，到 1948 年 2 月折合 1600 万元，上涨 200 倍。①

高涨的物价给齐鲁大学师生的生活带来很大的不便。以 1947 年冬季为例，当时济南物价高居全国首位，煤炭更是每吨高达 400 万元，齐鲁大学的大多数中国教员寒冬时节做饭、取暖只能靠校园里的荒草和树叶。② 为节约煤炭，校方将 1947 年秋季学期提前至 8 月底开学，次年 1 月初便开始放寒假。③ 由于物价过高，校方不得已于 1947 年 12 月决定开始收取毕业费、各种证明书及成绩单费。④ 物价非但居高不下，反而不断上涨。1948 年 4 月，齐鲁大学校方发布秋季学期招生简章时，根据各地时价，将报名费暂定为济南 10 万元、青岛和上海 15 万元，此后物价一路飙升，到 6 月时，已高涨数倍，校方不得已于 6 月底宣布增加报名费，济南增至 40 万元、青岛和上海增至 50 万元。⑤ 此前，1948 年春季学期的各种费用则均以实物的形式缴纳。⑥

最后，济南的局势严重影响到齐鲁大学的师资力量，战争的

---

① 唐致卿、岳海鹰:《山东解放区史稿　解放战争卷》，北京：中国物资出版社，1998 年，第 173 页。

② 参见《本校配给教职员煤炭》,《齐鲁大学校刊》第 61 期，1947 年 11 月 30 日。

③ 参见《学期大考将于月底举行》,《齐鲁大学校刊》第 62 期，1947 年 12 月 31 日。

④ 参见《本校启事》,《齐鲁大学校刊》第 62 期，1947 年 12 月 31 日。

⑤ 参见《新生报名费增加》,《齐鲁大学校刊》第 66、67 期合刊，1948 年 6 月 30 日。

⑥ 参见《春季收费以实物为原则》,《齐鲁大学校刊》第 62 期，1947 年 12 月 31 日。

威胁使很多优秀的中外人才对济南望而却步。动荡的政治形势使各差会董事会对于向齐鲁大学派遣人员之事感到犹豫不决，而更为棘手的是英国、美国和加拿大政府拒绝为前往济南的本国公民发放护照。对于国人来说，当时的济南和齐鲁大学也不再具有吸引力，甚至越来越多优秀的国人认为齐鲁大学正在走下坡路。即使是 1947 年春夏济南局势缓和时，齐鲁大学的师资紧张状况仍没有得到多大改善，因为在外人看来济南仍十分危险。所以，1947 年 6 月校方关闭成都校区时，只有一半的教员打算返回济南，其他的则选择留在成都或者到其他城市任教。① 教师队伍不仅极少有新成员加入，就连"原有者亦多主动的或被动的考虑如何离险就夷"，特别是外籍教员，各国领事纷纷劝告他们暂行离济。考虑到人身安全，校方也无意将新旧同事拖入未知的境遇之中，但是教员的流失和缺乏确实给齐鲁大学的正常教学带来了极为不利的影响。

除了上述方面，时局的动荡还给齐鲁大学师生的精神状态带来很大的影响。由于济南常常处于包围之中，教职员和学生都无法安心于教学和生活。而随着内战的爆发，国民党报章大肆散播不实言论，关于中国共产党和人民军队的谣言愈演愈烈，这进一步加剧了师生们的恐慌：

① K'e Ming Wu to R. J. McMullen, August 16,1947, RG011-35-908, Archives of the United Board for Christian Higher Education in Asia, pp.182-183.

1948 年 1 月 13 日，美驻华大使馆发言人宣称：本月 7 日有美国女传教士渥德隆小姐（Esther Victoria Nordlund）、安德逊小姐（Martha J. Anderson），及另一芬兰籍医生布格（Dr. Alexis Fredich Berg），于湖北襄阳籍荆门间被共军杀害。该发言人称，美方正着手以飞机撤退襄阳美侨 12 人，另以船只撤退荆州美侨 8 人。美国国务院于 15 日宣称："由于华中共军威胁，地区排外情绪滋长，现已命令该处美国传教士尽速撤退。"[①] 此后，据新闻报 16 日汉口专电，豫东宁陵县又有一美籍教士被杀害。[②]

总的来看，齐鲁大学在 1948 年夏天再次南迁的原因主要有以下两点。第一，时局紧张引起的交通断绝、物价飞涨、人员短缺等问题，严重限制了齐鲁大学各方面的发展。第二，齐鲁大学师生特别是大多数外籍教员因对中国共产党和人民军队的错误认识产生了极大的心理恐慌，出于对自身安全的考虑，他们迫切地想要离开济南。

① 《宗教的世纪》,《天风》第 5 卷第 3 期，1948 年 1 月 17 日，第 15 ～ 16 页，转引自岱峻:《弦诵复骊歌：教会大学学人往事》，北京：商务印书馆，2017 年，第 358 页。

② 陈芹:《一周时事综述》,《天风》第 5 卷第 3 期，1948 年 1 月 17 日，第 9 页，转引自岱峻:《弦诵复骊歌：教会大学学人往事》，北京：商务印书馆，2017 年，第 359 页。

二、对文、理、医三院的不同考量

济南的紧张形势不断瓦解着齐鲁大学师生的心理防线，这迫使校方开始慎重考虑是否要再次搬迁的问题。二次搬迁的决定对齐鲁大学来说并不是一蹴而就的，它经过了校董会、校务会、中国基督教大学联合董事会等部门的多次磋商和慎重考虑，其中也蕴含了它们对齐鲁大学内部各院系的不同考量。

由于济南地区持续的高压状态，1947～1948 年齐鲁大学管理层耗费了大量时间和精力来考虑是否搬迁的问题。特别是 1948 年 3 月中旬撤离济南南下之后，由于局势的不确定性，学校管理层开始考虑制订应对计划。随后，医学院负责人首先提出将医学院搬迁至别处办理，此提议使文理两院师生受到极大的震动，他们主张采取一致行动，“迁则同迁，留则同留”。对于各学院的上述请求，校方表示十分理解，但迁校之事关系重大，校务会经多次谨慎研讨仍不敢做最终决定。①

1948 年 4 月中旬左右，齐鲁大学即将再次搬迁的消息在坊间已有流传，该消息称北平协和医学院和齐鲁大学都有南迁福州的计划，并已通电联络。② 此前，福建协和大学管理委员会（The Board of Managers of Fukien Christian University）确实曾于 3 月 10 日向齐鲁大学医学院发出过邀请，邀请医学院搬去福州，并表

① 参见杨懋春:《迁校经过》,《齐鲁大学校刊》第 68、69 期合刊，1948 年 10 月 30 日。

② 参见《协和齐鲁两校有计划南迁说》,《申报》1948 年 4 月 16 日，第 6 版。

示有充足的校舍供教师和学生住宿。① 但是，4 月 24 日在上海中华基督教协进会召开的齐鲁大学校董会却释放出相反的消息，与会董事建议齐鲁大学继续留在济南，直到不能继续维持时再言搬迁。当然，为使师生安心，董事们还表示一旦局势危急，校方可相机决定搬迁事宜。②

5 月初，潍县解放，国民党军队节节溃败。鉴于山东的局势，美国国务院开始关注山东地区美国公民的安全，并建议他们从所有危险的地方撤离。③ 潍县战斗的惨烈使济南人心更为紧张，医学院负责人再次提出搬迁之议。④ 5 月 10 日，联合董事会齐鲁大学委员会在年度会议上也提出搬迁建议，但是此建议只针对医学院。委员们支持医学院迁往福州，认为医学院应尽力保证新接收设备的安全，这些设备作为抗战期间丢失设备的替代品，如果再次丢失将很难再得到补充。考虑到目前形势的不确定性，应该在 1948 年春季学期结束之后立即将医学院的教师、学生以及尽可能多的设备搬迁到更安全的地方。至于文、理两院，委员们认为暂时没有搬迁的必要，即使是到了非走不可的

① Minutes of Annual Meeting Shantung Christian University Committee United Board for Christian Colleges in China, May 10,1948, RG011-242-3974, Archives of the United Board for Christian Higher Education in Asia, pp.356-359.

② 参见杨懋春：《迁校经过》,《齐鲁大学校刊》第 68、69 期合刊，1948 年 10 月 30 日。

③ Minutes of Annual Meeting Shantung Christian University Committee United Board for Christian Colleges in China, May 10,1948, RG011-242-3974, Archives of the United Board for Christian Higher Education in Asia, pp.356-359.

④ 参见杨懋春：《迁校经过》,《齐鲁大学校刊》第 68、69 期合刊，1948 年 10 月 30 日。

地步，也可以搬迁至比福建更近一点的地方。[①] 因此，校方在参考联合董事会意见，并经校务会议和其他行政会议详加讨论之后，决定先做搬迁的初步准备。随后，张缇芬博士等人前往青岛、杭州、福州及广州各地寻找合适的迁校地点，经过勘察，他们认为医学院可迁至福州，而文、理两院则以迁往杭州为宜。[②]

搬迁地点确定以后，校方又多次开会讨论，最后决定批准医学院的请求。医学院之所以急于南迁，一方面是出于保护仪器的考虑；另一方面是医学院向来是齐鲁大学外籍教员比重最高的学院，在人民解放军势如破竹的攻势下，他们受谣言影响当然希望能尽快离开济南。7月中旬，医学院师生离开济南，迁往福州。后来，由于济南局势越来越紧张，一个月以后，文、理两院师生也搬离济南，复校仅一年的齐鲁大学再次陷入多地办学的境地。[③]

医学院虽然最终搬离济南，但是对于是否迁校这一问题，齐鲁大学教职员内部一直存在不同的声音。在中国籍教员赵常林和尤家骏看来，南迁福州的行为是由外籍员工单方面决定的，中国教员对这一行为并不认同。对于这一说法，时任医学院副院长的鲁柏（Paul J. Laube）不以为然，在他看来，当时包括中

① Minutes of Annual Meeting Shantung Christian University Committee United Board for Christian Colleges in China, May 10,1948, RG011-242-3974, Archives of the United Board for Christian Higher Education in Asia, pp.356-359.

② 参见杨懋春:《迁校经过》,《齐鲁大学校刊》第68、69期合刊，1948年10月30日。

③ 参见杨懋春:《迁校经过》,《齐鲁大学校刊》第68、69期合刊，1948年10月30日。

外教员在内的全体职员都处于一种焦躁不安的状态，所以这一决定绝不是外籍员工单方面做出的，而是由中外员工共同做出的。① 出现这两种看法显然是由于中外员工处于不同立场。事实上，当时外籍员工内部也存在反对迁校的声音，校务长赖恩源就是代表。他当时极力反对迁校，并且在之后的很长时间内认为齐鲁大学后来遭受的苦难都是由二次迁校带来的。②

站在后来者的角度，我们很难轻易评论齐鲁大学二次南迁是否正确，但是从齐鲁大学之后的经历来看，这一决定似乎并不明智。有资料显示，在齐鲁大学南迁之前，驻济南城郊的中共济南市委曾派人与杨德斋联系，试图挽留齐鲁大学师生，避免再次迁校，并承诺会保护图书和仪器，结果未能成功。③

第二节　医学院在福州

搬迁的请求既已得到批准，1948 年 6 月 16 日暑假开始之后，医学院便开始着手办理各种搬迁事宜。7 月 14 日，医学院师生携

① Paul J. Laube to Robert J. McMullen, August 13,1948, RG011-246-4014, Archives of the United Board for Christian Higher Education in Asia, pp.13-19.

② Cheeloo University in Tsinan, November 10,1950, RG011-36-911, Archives of the United Board for Christian Higher Education in Asia, pp.330-334.

③ 参见马挺光供稿，何晔秋整理:《齐鲁大学历史上的两次搬迁活动》，齐鲁大学校友会编:《齐鲁大学八十八年（1864 ～ 1952）——齐鲁大学校友回忆录》，北京：现代教育出版社，2010 年，第 274 ～ 275 页。

带少量行李和设备离开济南，乘坐飞机前往青岛，在崂山附近降落后他们入住位于济阳路的长老会建筑。他们原计划于7月20日乘坐快轮“博特拉”（Botra）号由青岛直达福州，后来这一计划被推迟。7月27日，医学院代理院长李缵文教授到南京面见国民政府教育部、卫生部等部门负责人，上述部门最终同意医学院师生离开青岛，并许诺在闽江入口处给予接应，以省去在海关开箱检查的麻烦。同日，快轮到达青岛港。两日后，快轮从青岛港出发前往福州，此次跟随医学院搬迁的共有105人，其中男学生50人，女学生27人，教员及家属28人，此外还有300吨的行李和设备。8月1日晚上八点，快轮到达闽江入口处，师生们在此处停留了一晚。次日早上六点，快轮从闽江入口处出发向闽江上游行驶。两个小时之后，到达罗星塔。当时罗星塔已经聚集了一群迎接的人，他们中有福州地区的齐鲁大学校友、福州卫理会的两位牧师、卫理神学院（Methodist Theological School）校长以及先于大部队到达福州的鲁柏等人。这些人已经在岸边等候多时，为了不和师生们错过，他们在附近的门廊里睡了一夜。随后，师生们乘坐驳船前往二十四公里外的福州码头，到达时已是下午一点半。提前到达的鲁柏和张缇芬等人已经为师生们联系好住宿的地方。

当时的福州形势尚且稳定，经过近两个月的修整，医学院决定于10月1日开学。由于医学院一、二年级向来同理学院一起上课，所以一、二年级的学生此次并未跟随医学院迁至福州。

1948 年秋季学期开学时，医学院其余五个年级的注册学生数为 103 人，其中大部分学生是在 7 月跟随学院一同抵达福州的，少部分人是暑假期间自行来到福州。教职工方面，至 1948 年 11 月，在榕的中外教职员共 20 名，其中教员 15 名、原齐鲁大学附属医院住院医师 2 名、技术人员 3 名，院务主要由院长李缵文博士主持。①

福州地区各差会机构为齐鲁大学师生学习、工作和生活等方面提供的帮助使齐鲁大学医学院得以正常运转，这些机构主要有协和神学院、华南女子文理学院、协和医院（Union Hospital）、柴井医院（Chai Ching Hospital）和塔亭医院（Ta Ti'ng Hospital）等。② 教学设施方面，协和、柴井和塔亭三家差会医院拥有两倍于齐鲁大学医学院的临床设施，还有充足的教室和实验室。这些教学设施对医学院有着巨大的吸引力，这也是当初医学院选择不远万里搬迁至福州的一个很重要的原因。三家医院十分欢迎一所高水平医学院的加入，并且都曾向齐鲁大学医学院发出过邀请。基于满足自身需求和最大限度地适应医院情况的考虑，齐鲁大学计划将协和医院作为临床工作的中心，同时在此开展大部分的临

① Bulletin of Cheeloo University College of Medicine, Foochow, No.1, November,1948, RG011-246-4014, Archives of the United Board for Christian Higher Education in Asia, pp.4-12.

② 参见《吴校长因公南去闽粤》,《齐鲁大学校刊》第 70、71 期合刊，1948 年 12 月 31 日。

床教学。①

房舍方面，协和医院将一幢四层的建筑全部借与齐鲁大学医学院，医学院在此处设置了病理室和图书室，并将原来的会议室和礼堂改为教室。② 由于住宿条件的限制，院方将五个年级的学生分为临床医学预科（Pre-clinical）和临床医学（Clinical）两个部分。临床医学预科主要包括三、四年级的学生，他们的课程大多数都是在南台岛协和神学院的建筑中进行，这座建筑的第一层被医学院用作教室和实验室，楼上则是临床医学预科的男生宿舍，两个人一个房间。女生则借住于华南女子文理学院的宿舍中，该处也位于南台岛上，步行五分钟左右即可到达协和神学院。临床医学部分包括五年级至七年级的学生，他们全部住在约五公里外的黑石山（Black Rock）宿舍，这些高年级的学生需要在三家差会医院轮流实习，但是大部分临床工作都是在协和医院完成。③ 教授们则散居于南台岛仓前山各处。④ 由于地点比较分散，所以学院安排了交通车，方便师生往返各处上课、实习。对学生们来说，在医院实习最大的障碍是福州地区的方言问题。虽然很多病

① Migration of Cheeloo College of Medicine to Foochow, Dr. Annie V.Scott, July 14-August 15,1948, RG011-35-908, Archives of the United Board for Christian Higher Education in Asia, pp.193-196.

② 参见杨懋春：《迁校经过》,《齐鲁大学校刊》第68、69期合刊，1948年10月30日。

③ Bulletin of Cheeloo University College of Medicine, Foochow, No.1, November,1948, RG011-246-4014, Archives of the United Board for Christian Higher Education in Asia, pp.4-12.

④ 参见杨懋春：《迁校经过》,《齐鲁大学校刊》第68、69期合刊，1948年10月30日。

人都能听懂官话，但是为了更好地与病人交流，询问病史，学生们还特意学习了福州方言。①

齐鲁大学福州校友会欢迎吴克明校长莅榕视察医学院留影（1948 年 12 月）

人员方面，齐鲁大学医学院与三家差会医院进行了合作共享。差会医院的部分职员接受院方的邀请，作为名誉成员到院任教。而齐鲁大学的教职员也会到医院协助工作。例如，齐鲁大学附属医院的住院医师于伟良博士就曾到协和医院儿科工作；另外，此次随院方来榕的 3 名技术人员也曾参与协和医院实验室工作。②

① 参见张汝黻：《亲历》，齐鲁大学校友会编：《齐鲁大学八十八年（1864 ～ 1952）——齐鲁大学校友回忆录》，北京：现代教育出版社，2010 年，第 266 ～ 269 页。

② Bulletin of Cheeloo University College of Medicine, Foochow, No.1, November,1948, RG011-246-4014, Archives of the United Board for Christian Higher Education in Asia, pp.4-12.

图书和期刊方面，齐鲁大学医学院将自己与协和医院的图书和期刊进行了整合，并制作了联合目录。医学院带到福州的图书和期刊主要有两部分：一部分是师生离开济南时从医学图书馆携带的200本新的医学图书和期刊；另一部分则是美国方面捐赠的二十余种医学期刊和七箱医学图书，由于交通原因，这些书刊之前一直滞留在青岛，此次被院方一起带到了福州。到达福州之后，院方组织学生对书籍和期刊进行了分类和编目，这项工作耗时四周才完成。由于协和医院的图书馆在日占时期组织十分混乱，所以上述学生在完成了齐鲁大学图书馆的整理工作之后又参与到协和医院图书馆的整理工作中。院方将图书馆设在协和医院顶层的四个房间里，书库在下面一层，经过一个多月的准备，图书馆最终于9月20日开馆，由一名学生兼职图书管理员。①

虽然福州的生活节奏稳定而规律，但是大部分学生生活条件十分困苦。由于医学院的学生80%来自北方，到达福州之后，他们大多与处在交战区域的亲朋好友失去了联系，经济来源也完全断绝。一开始学生们还能凭借着余资勉强维持，但是由于物价不断上涨，很快他们便囊空如洗，不仅下一学期的学杂费用毫无着落，就连饭费等日常性支出也无从获得。为了维持日常生活，学生们纷纷典卖衣物。②有的学生甚至靠卖血维生，其困苦程度可

① Cheeloo Medicals Lend A Hand in Moving to Foochow, October 20,1948, RG011-36-910, Archives of the United Board for Christian Higher Education in Asia, pp.274-275.

② 参见《医学院同学在福州》,《齐鲁大学校刊》第68、69期合刊，1948年10月30日。

想而知。据后来学生们的回忆，一次卖血 300 毫升，得到的钱差不多是一个月的饭费。① 为了救济困难学生，院方除提供必要的奖助学金以外，还设立了学生借贷基金，所有的借款基本都是以大米的形式发放。学生可以根据自身情况向院方提出借贷申请，不过所有的借款须在毕业后四年内还清，而且越早还款利息越低。据院方统计，1949 年春季学期总共有 28 位学生从借贷基金中申请借款。②

宗教活动方面，日常性的晨祷每天在上课前进行，学生们轮流与教员和外来访客一起带领祷告；周日会在位于南台岛的卫理公会教堂举行官话礼拜仪式，各个学校的学生以及教会的成员都会参加，由华南女子文理学院和齐鲁大学医学院学生组成的唱诗班负责领唱。此外，平日里还会举办各种各样的查经班。③ 在院方看来，现代医学与基督教的最高原则和实践有着密不可分的联系，他们希望齐鲁大学医学院培养的医生、护士和医学技术人员能够将良好的基督教品格运用到实践中，因此他们特别重视宗教

① 参见丁云鹏:《难忘的经历——齐鲁大学医学院忆旧》，齐鲁大学校友会编:《齐鲁大学八十八年（1864 ～ 1952）——齐鲁大学校友回忆录》，北京：现代教育出版社，2010 年，第 308 ～ 311 页。

② Bulletin of Cheeloo University College of Medicine, Foochow, No.2, March,1949, RG011-246-4014, Archives of the United Board for Christian Higher Education in Asia, pp.20-27.

③ Bulletin of Cheeloo University College of Medicine, Foochow, No.2, March,1949, RG011-246-4014, Archives of the United Board for Christian Higher Education in Asia, pp.20-27.

活动在培养学生方面的重要作用。[①] 而从学生的信教情况来看，此阶段医学院的绝大多数学生都是信仰基督教的，根据院方 1949 年春季学期的统计数据，101 名学生中除 23 名为非教会成员外，其余 78 名全部信仰基督教，信教率高达 77%。[②]

根据医学院该阶段的发展情况，1949 年初院方向各差会董事会、大学委员会等机构寄送了声明书，其中包括医学院该阶段的需求和计划等内容。需求方面，院方着重强调了人员，主要包括三方面内容：其一，由于差会董事会的长期忽视，与临床医学相比，当时齐鲁大学医学院在基础医学领域，如解剖学、生理学、胚胎学、组织学、生物化学、病理学、寄生虫学和细菌学等的教员无论是数量还是质量都不能令人满意。其二，对差会派遣到齐鲁大学医学院的教员提出学历和资格要求。具体来看，要求基础医学的教员具备相关领域的硕士学位（硕士学位者还需受过高级别的专业培训）或者博士学位；而临床医学的教员则需要具备专业机构如美国儿科管理局（American Board of Pediatrics）、美国 X 线学委员会（American Board of Roentgenology）、英国皇家内科医师学会、英国皇家外科医师学会等的资格认证。其三，要求各差会董事会在安排和控制齐鲁大学医学院人员方面进行合作，

① Statement of Policy, Plans, Needs, January,1949, RG011-246-4014, Archives of the United Board for Christian Higher Education in Asia, pp.13-19.

② Bulletin of Cheeloo University College of Medicine, Foochow, No.2, March,1949, RG011-246-4014, Archives of the United Board for Christian Higher Education in Asia, pp.20-27.

减少单方面从医学院调离重要员工的行为。①

计划方面，院方制订了短期、中期和长期计划。短期计划和中期计划体现出院方对中国共产党态度的转变。在短期计划中，院方表示，尽管未来不甚明朗，但是经过深思熟虑，教员们一致决定不论福州地区的政治局势如何改变，医学院会坚持开办。同时，考虑到成立新政府的可能性，决定暂时不催促新的成员加入教员的行列。而在中期计划中，院方则表示希望在次年局势明朗之后能够尽快迁回济南校区。②

第三节 文、理两院在杭州

因为文、理两院珍贵的仪器比较少，且外籍教员比例较低，所以在批准医学院搬离济南的同时，校方决定文、理两院继续留在济南办学。虽然文、理、医三院向来不甚和睦，但是作为一个整体，医学院的搬迁无疑给文、理两院师生带来莫大的刺激，特别是 1948 年 7 月兖州解放之后，济南四面楚歌，加上随之而来的诸多问题，于是文、理两院再次提出迁校之议。经过几次联席会议再三研讨之后，校方仍然决定文、理两院“继续在济南开学，

① Statement of Policy, Plans, Needs, January,1949, RG011-246-4014, Archives of the United Board for Christian Higher Education in Asia, pp.13-19.

② Statement of Policy, Plans, Needs, January,1949, RG011-246-4014, Archives of the United Board for Christian Higher Education in Asia, pp.13-19.

但至必要时亦可迁移至杭州”。如果说此项结果文、理学院师生还能勉为其难地接受的话，那随后校务会议的结论则使他们如临大敌，校务会议决定“文理学院继续在济南办理，无论有何政治上或军事上的变动，决不迁移”①。此案公布之后，文、理两院师生咸感不安，于是联合请求校方对迁校之事再行考虑。7月26日，部分在济学生联合上书校务会，力陈迁校建议。而且，为引起校方的重视，79名拥护迁校的学生都在请愿信上签了名。②收到师生们的建议后，校方再次召开校务会议，此次会议通过了与之前完全相反的决定，即文、理两院立即迁往杭州。③

随后，校方成立迁移委员会，负责文、理两院的迁移事宜。8月10～14日，教职员及其眷属、随校迁移的学生等120余人乘坐五架包机先后由济南飞抵青岛。④在青期间，师生们得到了崇德中学、文德中学、商业职业学校、崇德小学、各基督教会及若干校友的帮助。同时，当地校友建议文、理两院留在青岛开办，不必长途跋涉迁至杭州。此建议让校方甚为心动，主要因为两点：其一，如能留居青岛，不仅可以省去若干迁移费用，将来复员也较为容易；其二，青岛隶属山东，若能在青岛办学，也不失“齐

① 参见杨懋春：《迁校经过》，《齐鲁大学校刊》第68、69期合刊，1948年10月30日。

② 参见《齐鲁大学迁校建议信件》，J109-01-551，山东省档案馆藏。

③ 参见杨懋春：《迁校经过》，《齐鲁大学校刊》第68、69期合刊，1948年10月30日。

④ Cheeloo University News Bulletin Yun-Hsi No.1, November 30,1948, RG011-266-4268, Archives of the United Board for Christian Higher Education in Asia, pp.2-5.

鲁”两字的意义。[①] 但是由于校舍及其他原因，师生们最终于 8 月 17 日从青岛乘坐轮船前往上海，[②] 到达上海后借居于自忠路齐鲁中学，[③] 后于 9 月初辗转到达杭州。[④]

校方原拟将文、理两院迁到杭州借用之江大学（Hangchow Christian University）的校舍，但未能谈妥，后将校址改设在云栖寺。[⑤]8 月初，理学院张奎院长等三人先于大部队到达杭州，并进行了一些前期准备，所以师生们初到时并没有遭遇混乱。[⑥] 但是由于房屋太少，各种用品也比较缺乏，各方面仍然很不方便。所幸经过师生一个月的努力，大部分工作慢慢步入正轨，10 月初文、理两院开始正式上课。[⑦]

1948 年秋季文、理两院的注册人数为 304 人，其中文学院 96 人（男生 61 人，女生 35 人）、理学院 126 人（男生 75，女生 51 人）、医学院先修班 82 人（男生 58 人，女生 24 人），在杭教员 42 人。学校行政机构也随文、理两院迁到云栖寺办公，因吴克

① 参见杨懋春:《迁校经过》,《齐鲁大学校刊》第 68、69 期合刊，1948 年 10 月 30 日。

② Cheeloo University News Bulletin Yun-Hsi No.1, November 30,1948, RG011-266-4268, Archives of the United Board for Christian Higher Education in Asia, pp.2-5.

③ 参见《教育简讯》,《申报》1948 年 8 月 25 日，第 7 版。

④ 参见《齐鲁大学迁杭，校址择定云栖》,《申报》1948 年 9 月 8 日，第 7 版。

⑤ 参见张正荃:《回忆在齐鲁大学读书时的一段小故事》，齐鲁大学校友会编:《齐鲁大学八十八年（1864 ～ 1952）——齐鲁大学校友回忆录》，北京：现代教育出版社，2010 年，第 291 ～ 292 页。

⑥ Cheeloo University News Bulletin Yun-Hsi No.1, November 30,1948, RG011-266-4268, Archives of the United Board for Christian Higher Education in Asia, pp.2-5.

⑦ 参见杨懋春:《迁校经过》,《齐鲁大学校刊》第 68、69 期合刊，1948 年 10 月 30 日。

明校长不常在学校，所以学校行政大权一般由常驻校内的教务长孙恩三掌握。

教学方面，校方原拟与之江大学合作，借用其教学设施，但是由于之江大学与云栖寺距离较远，加之交通不便，所以联合教学的计划被迫放弃，校方只能设法在云栖寺重新筹措一套完整的教学设施。由于从济南带到杭州的设备十分有限，所以秋季学期刚开始时很多课程因为设备的缺乏而无法开设，特别是理学院各系的实验课程，一开始只能开设一两门。[①]1948年底，中国基督教大学促进会（Chinese Christian University Association）为理学院各系捐赠药品仪器十三箱，经理学院张奎院长和该院各系主任开会讨论，物理系分得大批无线电器材和工作用具，化学系和药学系分得药品及化学品，生物学系分得三架显微镜及显微镜用电灯。[②] 除此之外，国民政府教育部和美国的有关机构也为药学系和物理系捐赠了物资和设备。在中外各机构的帮助下，各类设备慢慢丰富起来，到秋季学期后半段时，生物、化学、药学和物理实验室都已建立起来，理学院大部分课程都能够开展实验教学。[③]

图书馆方面，初到杭州时，由于房屋不敷分配，所以校方无法再为学生开辟专门的阅览室，只能在大饭厅里摆放两盏煤气灯

---

① Cheeloo University Bulletin No.2, Spring 1949, RG011-35-908, Archives of the United Board for Christian Higher Education in Asia, pp.220-230.

② 参见《捐赠汇志》,《齐鲁大学校刊》第70、71期合刊，1948年12月31日。

③ Cheeloo University Bulletin No.2, Spring 1949, RG011-35-908, Archives of the United Board for Christian Higher Education in Asia, pp.220-230.

供学生晚间自习，但容人不多。所以许多学生便各成小组，自己准备煤油灯，晚上找一个安静的地方读书。[①]之后，校方与寺里主持商量借得更多房屋，其中较大的一个被改成了阅览室。图书和期刊方面，离开济南时，校方将书籍都留在了济南，刚到杭州时学生们几乎无书可看。为满足师生基本的阅读需要，校方从北京、上海和杭州等地购买了大量图书，但是这些书大多都是中文书，并且多为各系所需的参考书或教科书，缺乏课外性和拓展性的图书。英文图书的情况则更糟糕，最初只有几本。后来在英国文化委员会（The British Council）、美国新闻处（United States Information Service）以及其他机构的慷慨帮助下，英文图书慢慢增加到几百本，其中也有一些非常有用的图书，比如成套的百科全书和经典小说。除了图书外，图书馆还有大量的现刊、过刊、小册子、科学文摘等。虽然在图书分布的均衡性和所涉领域的广泛性方面还远不能令人满意，但是到 1949 年春季学期时杭州校区已经拥有一个小型的综合性图书馆。[②]

由于云栖寺的设施非常简陋，所以学生们的住宿条件大不如前。以男生宿舍为例，在济南校区时男生们住的是一人一间、基础设施齐全的“四百号院”，而学校刚搬到云栖寺时，男生宿舍

① 参见王健秋:《文理两院同学在云栖》,《齐鲁大学校刊》第 68、69 期合刊，1948 年 10 月 30 日。

② Cheeloo University Bulletin No.2, Spring 1949, RG011-35-908, Archives of the United Board for Christian Higher Education in Asia, pp.220-230.

总共只有七个房间，其中两个是祠堂，里面还摆放着佛像和神龛，剩下的五个是寺庙里的客房。最大的房间里住了37名学生，最小的房间里住了6名学生，其他房间各住了大约20名学生。床则是从之江大学借来的木制双层床。宿舍里特别拥挤，几乎没有多余的空间摆放其他家具，并且卫生条件也十分糟糕。所以，在初到杭州的几个月里，学生们的住宿条件十分恶劣，在渐渐租得更多房间之后，上述情况才慢慢改善。当然，不仅学生如此，教职员的住宿条件也非常简陋，大多数教职员全家人都只能挤在一个小房间里。①

除了住宿条件，学生的饮食水平也直线下降。在济南的时候，主食都是白面馒头，肉食从不间断。而到了杭州，几乎天天都是素食。一日三餐的主食都是米饭，早餐每桌一碟咸菜，一块乳腐；午餐和晚餐则每人一小碗萝卜或者白菜。学生们曾经笑言，有此训练，大概长斋念佛也可毫无困难。② 厨房和餐厅由学生们自己经营，从买菜到做饭都由他们完成，他们每月选举产生食品委员会，大约一周才能吃一次肉。为确保食物的安全，他们还会轮流在厨房值班。③

① Cheeloo University Bulletin No.2, Spring 1949, RG011-35-908, Archives of the United Board for Christian Higher Education in Asia, pp.220-230.

② 参见王健秋:《文理两院同学在云栖》,《齐鲁大学校刊》第68、69期合刊，1948年10月30日。

③ Cheeloo University Bulletin No.2, Spring 1949, RG011-35-908, Archives of the United Board for Christian Higher Education in Asia, pp.220-230.

学生饮食水平下降，其原因与医学院学生相同。大部分是因为战事与北方的家人失去了联系，经济来源断绝。有些学生实在难以为继，不得已只能返回北方，以文学院政治经济系三年级学生为例，该年级学生因在之江大学借读，来往云栖寺十分不便，于是校方便在距离云栖寺约五公里外的开化寺为他们租得房舍五大间，该班原有学生 13 人，后来由于经济困难，一些学生陆续离开学校返回北方，到 1948 年 11 月底时只剩下 8 人。[①]

学生的经济状况一直是教职员工最关心的问题之一，为维持学生的正常生活，校方尽力设法救济困难学生，为那些最需要帮助的学生提供奖学金用于支付学费和住宿费等。[②] 同时，向各救济机关接洽救济物资，国内外很多机构纷纷慷慨解囊。例如，全国学生救济委员会为学生们捐赠棉被七十余床；行政院救济总署捐赠旧衣四大包；杭州学生救济委员会为文、理两院学生捐赠袜子、衬衫等，男生每人分得两双袜子、一件衬衫，女生则各得三双袜子；美国联合教会及国际救济委员会为教职员的女眷、孩童及女学生等捐赠了一大批旧衣。[③]

除了校方和其他机构的救助外，学生们还会做一些兼职来维持生计，主要是各种各样的体力劳动。例如，整理宿舍内务，照

---

① Cheeloo University News Bulletin, Yun-Hsi No.1, November 30,1948, RG011-266-4268, Archives of the United Board for Christian Higher Education in Asia, pp.2-5.

② Cheeloo University Bulletin No.2, Spring 1949, RG011-35-908, Archives of the United Board for Christian Higher Education in Asia, pp.220-230.

③ 参见《捐赠汇志》,《齐鲁大学校刊》第 70、71 期合刊，1948 年 12 月 31 日。

看教职员工子女，在附属小学和幼儿园任教，承担图书馆、实验室、体育部的管理工作等。据校方统计，在杭的文、理两院女生有超过 30% 的都处于半工半读的状态。但是，虽然校方尽力进行救助，学生们的生活还是十分困苦。到 1949 年秋季学期，学生注册总人数已下降到 240 人，其中女生由原来的 110 人减少到 87 人，男生则减少了近 40 人。学生人数减少的主要原因还是经济方面，也有少部分学生是因为担心家人卷入战乱而离开。①

云栖寺周边的环境虽然静谧而美好，但是因为身处五云山，交通十分不便。云栖寺距离杭州市区将近十六公里的路程，坐汽车需要一小时才能到，1948 年 9 月师生初到时全程票价只要八十九万元，之后票价便一路攀升，到 10 月底已达到金圆四元二角。学生本来就不敢轻易进城，后来更是直接打消了进城的念头。② 为方便师生出行，校方原本打算购买一辆公交车，但是由于那里没有公交线路，便只能作罢。③ 因为距离城区较远，交通不便，所以师生们失去了很多宝贵的学习机会，如胡适在国立浙江大学的演讲，马思聪在国立艺术专科学校的演奏，以及平日里

① Cheeloo University Bulletin No.2, Spring 1949, RG011-35-908, Archives of the United Board for Christian Higher Education in Asia, pp.220-230.

② 参见王健秋:《文理两院同学在云栖》,《齐鲁大学校刊》第 68、69 期合刊，1948 年 10 月 30 日。

③ Minutes of Meeting Shantung Christian University Committee United Board for Christian Colleges in China, October 29,1948, RG011-242-3974, Archives of the United Board for Christian Higher Education in Asia, pp.369-371.

青年会、教育馆等举办的众多学术活动，师生们都无法参加。①

虽然交通十分不便，但是师生们仍经常与杭州地区的其他院校和机构互动。学术方面，师生们时常邀请之江大学和国立浙江大学的教授到云栖寺交流、演讲。1948 年 11 月初，之江大学商学院院长胡继瑗教授曾到校为师生们演讲“中国之税制与民主”；次月中旬，国立浙江大学药学权威顾学裘教授也曾到校做肺痨病防治方面的讲座。② 除了学术交流外，日常活动和宗教活动方面，各方也有密切的互动。以理学院药学系学生为例，1948 年秋季学期伊始就曾赴国立浙江大学与药学系联欢，1949 年元旦时再次前往国立浙江大学，与其药学系、浙江省立医学院举行盛大联欢。③宗教活动方面，到达杭州之后，齐鲁大学学生基督徒团契于 10 月 16 日举行成立大会，会后曾与之江大学团契举行恳谈会，并计划合办兴奋会及圣诞节庆祝会。④ 另外，齐鲁大学主日学会曾于 10 月 24 日全体外出远足，行至之江大学时，会员们受到了之江大学学生团契及主日学会的热烈欢迎。⑤

---

① 参见王健秋：《文理两院同学在云栖》，《齐鲁大学校刊》第 68、69 期合刊，1948 年 10 月 30 日。

② 参见《药学系举办学术演讲会并与浙大联欢》，《齐鲁大学校刊》第 70、71 期合刊，1948 年 12 月 31 日。

③ 参见《药学系举办学术演讲会并与浙大联欢》，《齐鲁大学校刊》第 70、71 期合刊，1948 年 12 月 31 日。

④ 参见《学生基督徒团契成立》，《齐鲁大学校刊》第 68、69 期合刊，1948 年 10 月 30 日。

⑤ 参见《主日学会之活动》，《齐鲁大学校刊》第 68、69 期合刊，1948 年 10 月 30 日。

迁杭之后，校方在乡村建设方面也进行了一些努力。自20世纪二三十年代乡村建设计划被确定为教会大学服务中国社会的重点领域之后，齐鲁大学一直在推进这一计划，并将乡村服务事业作为重点项目进行推广，但是复员后济南地区政治和军事形势的持续紧张增加了将这一计划转化为具体行动的难度。文、理两院南迁杭州后，随着各方面工作的稳定，校方再次将乡村建设计划提上日程。经过考察，1949年春季，校方计划在云栖寺附近的梅家坞和梵村开展有关项目。梅家坞盛产龙井茶，校方计划在此处开展健康项目和识字服务。相较于梅家坞，校方认为梵村更适合开展乡村服务项目，因为那里的人民热切期盼。而且，从1949年2月开始，齐鲁大学的几个学生已经自发地在梵村开办了一所成人夜校。学校是由学生和村民共同组织起来的，一个村民出借了自己的房屋，大家在里面安置了桌子和长凳，学校便这样开办起来。对于梵村，校方计划和村民一起开展合作社、信用社、农耕方式改善、乡村教育等项目。[①] 但是，1949年5月杭州解放，上述计划应当大部分都未能付诸实践。

毫无疑问，古老的云栖寺难以满足一所现代化教会大学的办学需要，但是好在杭州局势稳定，师生们不用再遭受惶惶不安之苦。在各机构的帮助下，文、理两院师生经过几个月的努力，各方面工作终于慢慢走上正轨。师生们很快便适应了寺庙的环境

---

① Charles West to Friends, April 24,1949, RG011-260-4226, Archives of the United Board for Christian Higher Education in Asia, pp.7-10.

和生活，于是出现了一幅幅颇为有趣的画面：前来寺庙上香的香客们会驻足在化学实验室门口观看里面正在进行的奇奇怪怪的化学实验，当学生们经过实验室和储藏室之间的寺庙大殿时也会停下来，观看大殿中正在举行的朝拜仪式；寺庙的每个角落都可能有正在学习的学生，[①] 而学生有时甚至会向前来上香的香客讲道。[②] 一面是古老而厚重的寺庙，一面是现代化的大学，这在很大程度上是近代以来中国社会传统与现代互相碰撞、相互融合的缩影。

1949 年 4 月，人民解放军发起渡江战役，杭州解放在即。在人民解放军不可抵挡的攻势下，国民党军队狼狈南撤。面对愈来愈明朗的局势，齐鲁大学校方对基督教在中国社会的现状及未来和文、理两院的未来等问题也进行了思考。

对于前者，校方指出，在中国乡村开展基督教服务的意义是在不剥夺农民自主权利的前提下，通过合作的方式帮助他们解决问题。但是，包括齐鲁大学在内的教会学校力量太小，作用发挥得不充分，不能满足中国人民迫切的需要。相比之下，人民政府则提供了快速而极具革命性的解决粮食、安全等问题的方式。因此，校方认为现在需要考虑的问题不是接受或者反对人民政府，

① Cheeloo University Bulletin No.2, Spring 1949, RG011-35-908, Archives of the United Board for Christian Higher Education in Asia, pp.220-230.

② Charles West to Friends, April 24,1949, RG011-260-4226, Archives of the United Board for Christian Higher Education in Asia, pp.7-10.

而是如何在人民政府允许的范围内适应已经到来的共产主义。①

对于文、理两院的未来，校方认为，考虑到人民政府对技术培训的特殊兴趣，建立一所高度技术性的乡村经济学院（School of Rural Economy）也许是保证齐鲁大学继续存在的最佳途径。②乡村学院一直是抗战胜利后齐鲁大学发展规划中的重点项目，为使该学院顺利成立，校方做了大量筹备工作并开展了一些前期项目。而且，该学院的成立要求将文、理两院进行合并，并大幅调整现有院系和课程。在这种情况下，校方为文、理两院的未来发展做了规划。其一，为进入齐鲁大学医学院、神学院和其他学院的学生提供基础的科学和文化训练。其二，为中学培养既具备专业素养又具有精神内涵的教师，此项一直是齐鲁大学的光荣传统，而在“教师”这一职业已完全对大学毕业生失去吸引力的时候，校方迫切需要对这一传统进行再强调。其三，培养学生在文、理两院的各个分支从事研究工作的兴趣。其四，在资源允许的范围内，承担乡村建设领域的研究、实验和培训项目。根据上述规划，文、理两院的学生到了三、四年级后将分别根据研究性工作、中学教师和乡村服务工作的不同要求接受专业化训练。③

① Charles West to Friends, April 24,1949, RG011-260-4226, Archives of the United Board for Christian Higher Education in Asia, pp.7-10.

② Cheeloo University Bulletin No.2, Spring 1949, RG011-35-908, Archives of the United Board for Christian Higher Education in Asia, pp.220-230.

③ Cheeloo University Bulletin No.2, Spring 1949, RG011-35-908, Archives of the United Board for Christian Higher Education in Asia, pp.220-230.

第四节 解放区的济南校区

1948 年夏天，齐鲁大学的主体机构——文、理、医三院搬离济南之后，济南校区仍有大量留守人员，他们中有教员、技术人员、工人，还有包括赖恩源、林仰山等在内的多位外籍人员，总人数达 230 多人。上述人员的留守使附属医院、护士培训学校、神学院、附属中小学、图书馆、农场等齐鲁大学附属机构能够正常运转。①

1948 年 9 月 13 日，济南校区正常开学，96 名学生进行了注册，其中护理系学生 48 人、一年级新生 40 人、二年级学生 7 人。② 7 名二年级学生全部来自文学院历史社会学系，他们由于经济原因没有和其他同学一起迁往杭州，在济的教员为他们开设了部分二年级课程。③ 除了大学外，齐鲁大学附属中学也已于 9 月 10 日正式开学，附中于该学期只开设了一年级课程，注册人数也达近百人。④ 虽然时局紧张，但是学校还是尽力保证一切如常。9 月

① The Fall of Tsinan, Capital of Shantung Province, September 29,1948, RG011-35-908, Archives of the United Board for Christian Higher Education in Asia, p.200.

② The Fall of Tsinan, Capital of Shantung Province, September 29,1948, RG011-35-908, Archives of the United Board for Christian Higher Education in Asia, p.200.

③ Cheeloo Weekly Bulletin, Tsinan, No.1, September 4,1948, RG011-35-908, Archives of the United Board for Christian Higher Education in Asia, p.197.

④ Cheeloo Weekly Bulletin, Tsinan, No.1, September 4,1948, RG011-35-908, Archives of the United Board for Christian Higher Education in Asia, p.197.

10日和13日上午八点，学校在大礼堂分别为附中和齐鲁大学举行了开学典礼，对老生的回归和新生的加入表示欢迎。

对于1948年秋季学期的形势，留守济南校区的林仰山教授似乎十分乐观，他在9月4日写给联合董事会的信中表示秋季学期的计划可以正常进行。但是，不久之后济南战役。9月16日晚，人民解放军从东西两侧同时向济南城内的国民党守军外围阵地发起全线攻击，济南战役正式打响。人民解放军原定的作战计划是用二十天或三十天攻克济南，后来仅用一周左右的时间便解放了济南。

文、理两院搬离济南时，济南的形势已十分紧张，但是包括校务长赖恩源等外籍教员在内的众多工作人员仍选择继续留守。他们之所以这么做，一方面是考虑到无力解决学生的教育问题，另一方面则是为了守住学校校产和建筑，以图将来复校。[①] 过往的经验告诉他们，比炮火轰炸更可怕的是战后的哄抢，所以一旦完全撤离，校园设施会在短时间内被洗劫一空，所有的可动产包括门窗、地板等都会被抢走，建筑物也会被蹂躏得面目全非。因此，文、理、医三院如果想在局势明确之后重回济南，首先需要做的是尽量确保学校硬件设施完整无缺。

9月16日晚济南战役打响之后，国民党军队且战且退，到20日晚南郊守军已撤退到外城城墙附近。9月21日，国民党军队不

① 参见杨懋春:《迁校经过》,《齐鲁大学校刊》第68、69期合刊，1948年10月30日。

顾齐鲁大学师生的反对，强行占领了校园，一开始只是一个小分队，很快便进驻了一支大部队。国民党军队将齐鲁大学作为打击城外人民解放军的战略据点，并在校园内大修工事。公共建筑和教师住宅的门和家具都被拆掉，用于修筑防御工事和路障，各建筑物的窗户也被砖封住。[①] 这种破坏式的工事修筑方式给齐鲁大学各建筑的室内设施造成了极大的破坏。人民解放军的进攻方向主要集中于东西两侧，23 日晚上，人民解放军从南郊发起猛攻，盘踞在校园的国民党军队被孤立，随即投降，校园随后被人民解放军控制。国民党残军撤退到内城之后，齐鲁大学校园又遭到国民党军队猛烈的炮火袭击。9 月 24 日，国民党军队向校园空投轰炸预警传单，传单上说当天下午五点重点轰炸校园和附属医院，所以要求教员和学生尽快离开。但幸运的是，在那次轰炸中并没有任何炸弹落在校园里。到济南战役结束时，齐鲁大学校园内的各大建筑几乎都没能逃脱国民党军队的轰炸，有的甚至多次被击中，其中受损最严重的是物理楼，仅屋顶就有 12 个弹孔。但是，并没有建筑被彻底摧毁。[②]

战役期间，留守济南的人员只能住在各建筑的地下室，有些地方非常拥挤，卫生条件也令人很不满意。由于部队经常会突然

① Cheeloo Weekly Bulletin, Tsinan, No.3, September-October,1948, RG011-35-908, Archives of the United Board for Christian Higher Education in Asia, pp.201-203.

② Cheeloo Weekly Bulletin, Tsinan, No.3, September-October,1948, RG011-35-908, Archives of the United Board for Christian Higher Education in Asia, pp.201-203.

闯入，师生们不得不经常搬家。在一次次搬家的过程中，很多人丢失了全部家当。虽然环境十分危险，但是齐鲁大学附属医院的医护人员仍然坚守在自己的工作岗位上。战役期间，齐鲁大学附属医院也曾多次受到攻击，但即使是在战斗最激烈的时候，医院的工作人员也没有中断工作。[①] 从 9 月 27 日到 10 月 8 日，医院门诊共对伤员进行了 1686 次治疗，并收治了 140 例住院病人，其中包括 60 名士兵和 80 名平民。[②] 在最忙碌的时候，不仅病房就连地板和走廊上都挤满了伤兵和难民。战后，齐鲁大学附属医院医护人员的优秀表现赢得了人们的高度赞扬。[③]

人民政府在恢复和维持秩序方面的卓越成绩让外籍教员们惊叹不已。战斗结束之后，城市接管机构随即进入市区开展接管工作。“25 日，正式成立济南特别市军事管制委员会。29 日，成立济南特别市政府。同日，成立华东人民解放军济南特别市警备司令部。”[④] 同时，市政府还发布公告，承诺保护私人财产、企业、学校、教堂等；呼吁所有阶层的人，包括主教和牧师，继续他们的日常工作；还承诺，如果外国人遵守人民政府的法律，他们的

---

① Cheeloo University in Tsinan, November 10,1950, RG011-36-911, Archives of the United Board for Christian Higher Education in Asia, pp.330-334.

② Cheeloo Weekly Bulletin, Tsinan, No.3, September-October,1948, RG011-35-908, Archives of the United Board for Christian Higher Education in Asia, pp.201-203.

③ Cheeloo University in Tsinan, November 10,1950, RG011-36-911, Archives of the United Board for Christian Higher Education in Asia, pp.330-334.

④ 中国人民解放军历史资料丛书编审委员会编：《济南战役》，北京：解放军出版社，2004 年，第 23 页。

人身和财产安全也将受到保护。[①]

济南解放后，所有在济的外籍人员都安然无恙，他们受到了人民政府的礼遇，并获得了充足的食物。虽然出现谴责“美国帝国主义”的标语，但并没有出现针对个别美国人的敌对行为。[②]宗教工作也没有受到任何限制，日常性的宗教活动也都照常进行。由于康穆堂内的设施毁坏严重，齐鲁大学师生日常的礼拜活动暂时改在神学院礼堂中进行。10 月 3 日，恰逢世界圣餐主日，学校在神学院礼堂举行了中英文的圣餐仪式。次日，神学院和圣经学校正式复课。[③]于是，那些流传已久的、曾经使齐鲁大学外籍教员惶恐不安的关于中国共产党残杀外国人的谣言不攻自破。人民解放军严明的纪律和乐于助人的态度也让外籍人员印象深刻。

在齐鲁大学校方看来，与人民政府的首次接触可以说是相当愉快。赖恩源曾在信中提到人民解放军和人民政府对师生十分友好，人民政府的官员表示很高兴师生们能够留下来。[④]人民政府希望齐鲁大学能尽快恢复正常的教学活动，同时也为齐鲁大学的复课提供了力所能及的帮助。由于战争的破坏，城市的供电和供

---

① Cheeloo Weekly Bulletin, Tsinan, No.3, September-October,1948, RG011-35-908, Archives of the United Board for Christian Higher Education in Asia, pp.201-203.

② Fulton Freeman to Ruland, October 13,1948, RG011-35-908, Archives of the United Board for Christian Higher Education in Asia, p.205.

③ Cheeloo Weekly Bulletin, Tsinan, No.3, September-October,1948, RG011-35-908, Archives of the United Board for Christian Higher Education in Asia, pp.201-203.

④ Cheeloo University in Tsinan, November 10,1950, RG011-36-911, Archives of the United Board for Christian Higher Education in Asia, pp.330-334.

水被切断。为响应齐鲁大学师生的请求，电力和水力部门优先抢修了通往齐鲁大学的供应设施。9 月 30 日，齐鲁大学和附属医院的供电和供水即行恢复，这也是济南城最早恢复供电和供水的线路之一。① 在人民政府的支持下，齐鲁大学师生迅速地投入复课行动中，经过半个多月的整理和修复，齐鲁大学和附属中学于 10 月 11 日正式复课。②

由上可知，此阶段齐鲁大学与人民政府的关系十分融洽。人民政府对齐鲁大学采取较为宽松的态度，不仅没有插手学校的内部管理，也未干涉齐鲁大学的课程设置和授课内容。③ 就齐鲁大学师生而言，人民军队和人民政府的友好态度使他们看到了希望。一切似乎都预示着双方友好关系的开始。

10 月底，齐鲁大学师生第一次感受到来自人民政府的压力。9 月 24 日，济南解放以后，原处潍县的华东大学决定搬迁至济南。④ 由于一时间无法找到合适的校址，加上齐鲁大学因为文、理、医三院搬迁而空置了大量建筑，所以 11 月初华东大学正式向齐鲁大学提出借用部分房产的请求。对于华东大学的请求，以校

① Fulton Freeman to Ruland, October 13,1948, RG011-35-908, Archives of the United Board for Christian Higher Education in Asia, p.205.

② Cheeloo Weekly Bulletin, Tsinan, No.3, September-October,1948, RG011-35-908, Archives of the United Board for Christian Higher Education in Asia, pp.201-203.

③ Copy of Letter from Dr. H. P. Lair, RG011-36-911, Archives of the United Board for Christian Higher Education in Asia, p.325.

④ 参见鲁海、鲁勇:《青岛老校故事》，青岛：青岛出版社，2016 年，第 58 页。

务长赖恩源为首的齐鲁大学济南校区管理人员并不愿应允。齐鲁大学方面试图通过先与一个工程团队达成租借协议的方式来拒绝华东大学，但是这一协议很快被人民政府否认，人民政府要求齐鲁大学将房屋借给华东大学，并不断向齐鲁大学施压。① 校方十分清楚自己无法拒绝人民政府的上述要求。为最大限度地维护自己的利益，齐鲁大学方面向华东大学提出“八项条款”，华东大学口头上予以同意。齐鲁大学最终将物理楼二层和三层、礼堂、男生宿舍的两个院子、女生宿舍和一些教职工住宅暂借予华东大学使用。12 月初，华东大学文学院师生约 300 人在校长韦悫和副校长张勃川的带领下率先搬入齐鲁大学校园，齐鲁大学师生给予热烈欢迎。②

当时，齐鲁大学与华东大学的关系还十分融洽，齐鲁大学曾自豪地声称，自己“目前是世界上唯一一个共产主义大学和基督教大学共用一个校园的地方，随着时间的推移，双方有更多的机会相互了解，在世界其他地方根本找不到这样的机会”③。双方不仅共用一个校园，还在多方面展开互动。学术方面，齐鲁大学校方邀请华东大学校长韦悫和英文系系主任吴富恒在内的多名教员

---

① Cheeloo University in Tsinan, November 10,1950, RG011-36-911, Archives of the United Board for Christian Higher Education in Asia, pp.330-334.

② Cheeloo Weekly Bulletin, Tsinan, No.10, December 4,1948, RG011-35-908, Archives of the United Board for Christian Higher Education in Asia, p.207.

③ Cheeloo University News Bulletin, Jinan, January,1949, RG011-266-4268, Archives of the United Board for Christian Higher Education in Asia, pp.9-10.

到校担任客座教师。① 华东大学教员还经常受邀为齐鲁大学师生作公开演讲，例如12月4日文学院就曾邀请吴富恒教授作题为“个人、家庭与社会”的演讲。② 另外，作为以政治学习为主的学校，华东大学还在政治教育方面帮助齐鲁大学。韦悫校长多次在齐鲁大学教师小组政治学习讨论会上讲话，内容主要涉及教育中的服务精神、政治思想在教育中的中心地位等新思想。③ 日常活动方面，1948年齐鲁大学举办圣诞节庆祝活动，华东大学的部分人员也曾到场。④

除了同华东大学的共享与合作外，齐鲁大学还尽自己所能为人民政府的其他机构和部门提供支持和帮助。例如，医疗方面，齐鲁大学附属医院实验室每周三次为华东卫生局（The East-China Government Board of Health）的两位实验室主任提供教学方法和实验室工作方面的培训；同时，还为受华北人民政府卫生委员会（The North-China People's Government Board of Health）委派的石家庄医院实验室主任提供了为期四个月的训练。⑤

---

① Cheeloo Weekly Bulletin, Tsinan, No.11, December 11,1948, RG011-35-908, Archives of the United Board for Christian Higher Education in Asia, p.208.

② Cheeloo Weekly Bulletin, Tsinan, No.10, December 4,1948, RG011-35-908, Archives of the United Board for Christian Higher Education in Asia, p.207.

③ Cheeloo Weekly Bulletin, Tsinan, No.4, January 29-February 5,1949, RG011-35-908, Archives of the United Board for Christian Higher Education in Asia, p.214.

④ Cheeloo University News Bulletin Jinan, December,1948, RG011-266-4268, Archives of the United Board for Christian Higher Education in Asia, pp.6-8.

⑤ Cheeloo Weekly Bulletin, Tsinan, No.9, November 27,1948, RG011-35-908, Archives of the United Board for Christian Higher Education in Asia, p.206.

农业方面，齐鲁大学曾计划与华东研究院（Hua Tung Research Institute）开展合作。华东研究院对齐鲁大学准备开设的农业短期课程十分感兴趣，双方计划从 1949 年春季学期合作开设为期两年的农业短期课程，预计招收 40 名高中毕业生，采取理论与实践相结合的授课方式。双方商定由华东研究院提供员工工资、学生伙食费、宿舍费以及部分实验费用，由齐鲁大学提供土地、设备和员工。① 但是，后来由于突然接到搬迁指示，华东研究院被迫退出此项目。为保证课程正常进行，齐鲁大学独立承担起全部任务，同时缩减招生规模。②1949 年春季学期，该班共招收学生 17 人，其中男生 14 人，女生 3 人。③

从 1949 年开始，人民政府一改之前的宽松政策，开始逐步加强对齐鲁大学的管理。政治教育方面，加强了对齐鲁大学师生的思想政治教育。1949 年初，齐鲁大学校方开始开设政治教育课程，组织政治培训班。起初，齐鲁大学的政治教育工作主要是在华东大学的帮助下进行。但是到了 3 月，在教育部门的帮助下，中共济南市委宣传部部长（Head of the Propanganda Department of the Jinan Municipality Committee of the Chinese Communist Party）来

① Cheeloo University News Bulletin, Jinan, January,1949, RG011-266-4268, Archives of the United Board for Christian Higher Education in Asia, pp.9-10.

② Cheeloo University News Bulletin, Jinan, February 12,1949, RG011-266-4268, Archives of the United Board for Christian Higher Education in Asia, p.13.

③ Cheeloo University News Bulletin, Jinan, February 26,1949, RG011-266-4268, Archives of the United Board for Christian Higher Education in Asia, p.15.

到齐鲁大学讲授时事课程。同时，针对教职员工举办的新思想培训班也越来越规范和系统，按计划每周六下午三点到五点在化学楼教工室组织全体教员的学习会。除此以外，每周还会举行小组讨论会，教员们共分为三个小组，每个小组的人数限制在10人以内，讨论的内容主要是毛泽东的《中国革命和中国共产党》一书。①

与此同时，人民政府开始介入齐鲁大学的内部管理，主要侧重于人事方面。1948年底，吴克明校长曾致信济南校方，表示自己计划尽快访问济南校区。②但是人民政府并不承认其齐鲁大学校长的身份，甚至拒绝与他会面。当时济南校区主要由赖恩源主持工作，而他是美国人，更不可能获得人民政府的认可。③于是，1949年2月底，齐鲁大学校务会（The Executive Committee）选举总务长杨德斋暂任代理校长。④3月初，杨德斋接受了校务会的任命。⑤随后，杨德斋的齐鲁大学负责人身份得到了人民政府的承认。但是，事实上，校务会并没有选举校长甚至是代理校长的

① Cheeloo University News Bulletin, Jinan, March 5,1949, RG011-266-4268, Archives of the United Board for Christian Higher Education in Asia, p.16.

② Cheeloo University News Bulletin, Jinan, January,1949, RG011-266-4268, Archives of the United Board for Christian Higher Education in Asia, pp.9-10.

③ Cheeloo University in Tsinan, November 10,1950, RG011-36-911, Archives of the United Board for Christian Higher Education in Asia, pp.330-334.

④ Cheeloo University News Bulletin, Jinan, February 26,1949, RG011-266-4268, Archives of the United Board for Christian Higher Education in Asia, p.15.

⑤ Cheeloo University News Bulletin, Jinan, March 5,1949, RG011-266-4268, Archives of the United Board for Christian Higher Education in Asia, p.16.

权力，此项权力归校董会所有，因此对于齐鲁大学师生来说，杨德斋的当选并不合规。但是，对于校董会的权力，人民政府似乎并不认可。杨德斋上任之后便对校务会进行了改组，赖恩源、林仰山等三位外籍成员被除名。自此，齐鲁大学内部逐渐分成两派，一派拥护杨德斋，而大多数的教职员和学生则属于另一派，他们拥护吴克明，反对杨德斋。特别是文、理、医三院迁回济南之后，两派的矛盾逐渐加剧。

与此同时，人民政府还对私立中学提出了更多要求。1949 年 2 月，济南市政府教育局在第三市立中学召开私立中学负责人会议，齐鲁大学附中校长星兆钧代表齐鲁大学出席了会议。此次会议对私立中学提出了如下要求："文化和社会课程应该着重强调政治训练；课外活动应与课程主题密切相关；教师应该将自己全部的时间都奉献给学校，课外时间要领导学生的各项活动；鼓励学生从事体力劳动和公益事业，如铺路、筑墙、植树、种地、为儿童和劳动人民开设扫盲课程等。"①

为了响应人民政府的号召，齐鲁大学师生自觉投入志愿服务活动，教职员会到学校附近的夜校教书，附属医院的工作人员也会定期为公立医疗机构检查设备。② 与教职员相比，学生

① Cheeloo University News Bulletin, Jinan, February 19,1949, RG011-266-4268, Archives of the United Board for Christian Higher Education in Asia, p.11.

② Cheeloo University News Bulletin, Jinan, February 12,1949, RG011-266-4268, Archives of the United Board for Christian Higher Education in Asia, p.13.

的志愿活动则比较丰富，并且主要以校内的体力劳动为主，例如修剪校园里的树木、装订图书馆的旧书、制作挂图、铺路等。[①]值得注意的是，在济南解放之前，上述体力劳动都是由学校内的工人们承担的，但现在则成为学生学习内容的一部分。这种全新的学习方式确实能够让师生们切实感受到劳动人民的辛苦，进而从根本上改变对代表广大劳动人民利益的无产阶级政党——中国共产党的认识。所以，体力劳动其实也可以看作此阶段人民政府对齐鲁大学师生进行思想政治改造的一种具体方式。

由上可见，1948～1949学年，人民政府对齐鲁大学的改造主要集中于思想政治方面，总体上对齐鲁大学的干预比较少，方式也比较温和。但是，随着新中国各项工作的展开和文、理、医三学院的回迁，人民政府对齐鲁大学的改造逐渐加强，涉及的方面也越来越多。

通过爬梳齐鲁大学的历史，可以发现此阶段齐鲁大学与政府的关系较前一阶段发生了显著变化，特别是随着解放战争进程的不断推进，齐鲁大学与中国共产党方面的接触逐渐增多，齐鲁大学师生对中国共产党的认识和态度也有了一定的转变。济南解放后，人民政府和军队对齐鲁大学留守师生的友好态度，使师生们看到了在人民政府领导下继续办学的希望。齐鲁大学一开始虽然

① Cheeloo University News Bulletin, Jinan, February 26,1949, RG011-266-4268, Archives of the United Board for Christian Higher Education in Asia, p.15.

并不欢迎华东大学借住，但是，总的来说，此阶段齐鲁大学与人民政府以及华东大学的关系还是比较融洽的。人民政府并没有太多地干预齐鲁大学内部事务，齐鲁大学也比较积极地配合人民政府的各方面工作。双方之间的友好关系还通过书信传递给了榕校和杭校，这也直接影响了它们对解放和回迁的态度。

值得注意的是，相比于战后重建时期提供的各方面援助，此阶段国民政府几乎没有为齐鲁大学提供任何援助，特别是二次南迁直接引发了齐鲁大学学生的请愿行动。

1948 年 9 月初，抵达杭州的文、理两院学生因远离家乡、生活毫无保障等现实困难，决定组织代表团去南京请愿，要求教育部对家在解放区的学生予以救助。请愿团到达南京后，高等教育司的唐司长接见了各位代表，对于学生们的诉求，他未予允准，并表示教育部对家在解放区学生的救济仅限于国立学校，且齐鲁大学已自动迁往杭州等处，教育部对私立大学并无补助。[①] 9 月 10 日，请愿团代表们通过信件向杭州的学生传达了有关情况，杭校的学生当即召开会议，决定全体学生一致去往南京请愿。12 日，学生们由总领队来逢臣等人带领出发，于次日上午十一点半到达南京。随后学生们来到教育部院内静坐示威，教育部负责人始终以“开会讨论”来答复学生，静坐一天后仍无实质性成果。晚上七点，国民政府教育部下发一亿五千万元作为学生们两天的伙食

① 参见《齐鲁学生请愿，因系私立未能允准》，《申报》1948 年 9 月 14 日，第 7 版。

费，同时安排学生前往鼓楼和金陵女子神学院借宿。15 日，齐鲁大学校长吴克明，教务长孙恩三，文、理两院院长抵达南京，力劝学生们返回杭州。学生们最终于 9 月 16 日返回杭州，请愿之事也不了了之。①

由上可见，受国内政治军事形势的影响，齐鲁大学与国民政府的关系已悄然发生变化。国民政府一方面减少了对齐鲁大学的各方面援助，另一方面对齐鲁大学的要求也相应减少，齐鲁大学与政府的关系以此为转折点步入了一个全新的阶段。

---

① 参见王其杰:《日记摘抄》，齐鲁大学校友会编:《齐鲁大学八十八年（1864～1952）——齐鲁大学校友回忆录》，北京：现代教育出版社，2010 年，第 293～299 页。

第三章
杭榕解放后二次复校

第一节　杭榕两校回迁经过

三大战役结束之后，解放战争的形势已经十分明朗。在人民解放军势如破竹的攻势下，杭州也迎来了解放。在杭州解放前夕，为了应对时局变化，杭校当局成立“应变委员会”，由学校管理人员、教师和学生组成。人民解放军渡过长江之后，教务长孙恩三召集师生代表开会，宣布学校停课，等待解放。为保护师生的安全，学生们组织起巡逻队，日夜巡守。[①]5月初，杭州解放。

杭校所在的云栖寺未受到炮火的波及，杭州解放后杭州校

---

① 参见王裕民:《我和齐鲁大学》，齐鲁大学校友会编:《齐鲁大学八十八年（1864～1952）——齐鲁大学校友回忆录》，北京：现代教育出版社，2010年，第327～330页。

区的学生纷纷前往杭州市区参加庆祝活动、群众集会、示威活动等，教学活动在中断了三个星期之后才恢复正常。① 大约 40 名学生离开了学校，参加了共产党军事管制委员会开办的干部培训学校。②6 月中旬，杭校举行期末考试，校方原本计划在 6 月 20 日结束学年工作并关闭杭校。但是，后来人民政府派教师到学校进行了为期十天的政治理论教化课程，所有学生都被要求留在学校参加学习。③

杭州解放时，校长吴克明正身处青岛，设法前往济南。1949 年 1 月，赖恩源曾写信给杭校，建议吴克明校长视察济南校区，以确保准确了解济南的情况，更好地规划齐鲁大学的未来。④ 于是，4 月初吴克明奔赴青岛，希望能够有机会前往济南，即使无法到达济南，他也希望至少能与林仰山等人取得联系。⑤ 当时青岛仍为国民党军队占据，通往济南的交通已完全断绝，因此直到青岛解放之后，

---

① Developments in Connection with Cheeloo University, October 19,1949, RG011-267-4281, Archives of the United Board for Christian Higher Education in Asia, pp.80-82.

② Excerpts from a Letter Dated 9 June 1949 from Mr. A. E. Clayton, Cheeloo University(Hangchow), July 21,1949, RG011-267-4281, Archives of the United Board for Christian Higher Education in Asia, pp.75-76.

③ Excerpts from a Letter Dated 9 June 1949 from Mr. A. E. Clayton, Cheeloo University(Hangchow), July 21,1949, RG011-267-4281, Archives of the United Board for Christian Higher Education in Asia, pp.75-76.

④ Cheeloo University Bulletin No.2, Spring 1949, RG011-35-908, Archives of the United Board for Christian Higher Education in Asia, pp.220-230.

⑤ Minutes of Annual Meeting Shantung Christian University Committee United Board for Christian Colleges in China, May 9,1949, RG011-242-3974, Archives of the United Board for Christian Higher Education in Asia, pp.379-422.

吴克明才于6月中旬到达济南。济南校区的情况让吴克明大感震惊，因为在过去一年的大部分时间里，齐鲁大学一直被宣传为一所由“帝国主义走狗”组成的“帝国主义大学”，这在吴克明看来是相当大的误解。① 更为糟糕的是，由于在济南解放前夕他带领全校师生前往国统区，济南市人民政府并不承认其校长身份，并且禁止其以齐鲁大学校长的身份在济南活动。② 因此，吴克明回到济南以后每天只能待在家里读书、学习，甚至连办公室都去不了，更别说与人民政府方面协商杭榕两校的回迁事宜。

5月底上海解放之后，杭校的文理学院师生有意返回济南，他们多次写信给济校，询问住宿问题和外籍教员的去留问题，却一直没有得到济南市人民政府的许可。③ 7月，杭校再次给济南方面发电报，请求允许理学院院长张奎博士前往济南商讨杭校回迁事宜。两个星期之后，张奎带着一份报告返回杭州。报告称，除了留守济南的人员外，人民政府拒绝承认其他任何团体为齐鲁大学的组成部分。④ 这就意味着济南市人民政府直接否定了

① H. P. Lair to A. E. Clayton, October 6,1949, RG011-267-4281, Archives of the United Board for Christian Higher Education in Asia, p.79.

② Summary of Conditions in Cheeloo University 1949-1950, by Gerald F. Winfield, RG011-242-3974, Archives of the United Board for Christian Higher Education in Asia, pp.393-397.

③ Excerpts from a Letter Dated 9 June 1949 from Mr. A. E. Clayton, Cheeloo University(Hangchow), July 21,1949,RG011-267-4281, Archives of the United Board for Christian Higher Education in Asia, pp.75-76.

④ Developments in Connection with Cheeloo University, October 19,1949, RG011-267-4281, Archives of the United Board for Christian Higher Education in Asia, pp.80-82.

文、理、医三学院的合法性，并拒绝师生们搬回济南。随后，杭州方面派遣了一个十四人的代表团，再次前往济南进行谈判，但是代表们到达济南之后，发现自己好像什么都做不了。人民政府不仅再次拒绝了杭榕两校的回迁请求，而且当代表们提出这样做可能会导致董事们不再继续为齐鲁大学提供资金支持时，人民政府表示，齐鲁大学将被移交给政府。[①]8月，齐鲁大学校董会在上海召开一系列会议，会议决定以校董会名义派遣代表前往济南与代理校长杨德斋及人民政府有关部门磋商，争取人民政府对改组后的齐鲁大学校董会的认可和实现齐鲁大学管理的正规化。9月11日，孙鸿泉、张汇泉以及孙恩三三人作为校董会代表动身前往济南。到达济南之后，三人受到热烈的欢迎，特别是孙鸿泉教授，作为当时国内首屈一指的外科医生，对此行帮助甚大。在医学院校友的帮助下，代表们得出结论：人民政府的认可是齐鲁大学在济南重建的唯一政治基础，而对人民政府来说，现阶段对齐鲁大学的态度是改造而不是撤销，所以最重要的是首先确保学校内部团结。[②]经过协商，代表们与济南市人民政府达成共识：允许杭校返回济南。[③]

---

① Developments in Connection with Cheeloo University, October 19,1949, RG011-267-4281, Archives of the United Board for Christian Higher Education in Asia, pp.80-82.

② Developments in Connection with Cheeloo University, October 19,1949, RG011-267-4281, Archives of the United Board for Christian Higher Education in Asia, pp.80-82.

③ Summary of Conditions in Cheeloo University 1949-1950, by Gerald F. Winfield, RG011-242-3974, Archives of the United Board for Christian Higher Education in Asia, pp.393-397.

9月，文、理两院师生经由苏州、上海等地辗转回到济南。文、理两院虽然顺利回归，但是当时有很多迹象表明，文学院并不受人民政府的欢迎。文学院的一些教员特别是外籍教员被安排留在上海或南京，并且在随后到来的1949年秋季学期，文学院被禁止招收一年级新生，只被允许开设短期的农业课程。①

与文、理两院相比，医学院的回归则显得格外顺利，并且可以说是众望所归。1949年8月17日，解放军攻入福州，国民党军队且战且退，溃不成军。福州的齐鲁大学医学院发起成立临时救护小组，带着担架和急救箱，佩戴红十字袖章，沿路为伤员服务。②人民解放军以摧枯拉朽之势于17日解放了福州。

随着福州的解放，医学院的去留也提上了日程。早在医学院刚刚迁到福州时，医学院教授张光壁等人就打算以福州教会、协和医学院等教会组织为依托，在福州另立齐鲁医学院。福州解放前夕，医学院又企图将师生迁往菲律宾，建立一所流亡海外的医学院，但是该计划后来因为学生们开展的“返校与反搬迁”斗争而宣告破产。③因此，就是否返回济南这一问题，当时医学院教职员内部产生了明显的分歧。但是，对于学生们来说，返回济南

① Summary of Conditions in Cheeloo University, RG011-36-912, Archives of the United Board for Christian Higher Education in Asia, pp.393-394.

② 参见张汝黻：《亲历》，齐鲁大学校友会编：《齐鲁大学八十八年（1864～1952）——齐鲁大学校友回忆录》，北京：现代教育出版社，2010年，第266～269页。

③ 参见马挺光供稿，何晔秋整理：《齐鲁大学历史上的两次搬迁活动》，齐鲁大学校友会编：《齐鲁大学八十八年（1864～1952）——齐鲁大学校友回忆录》，北京：现代教育出版社，2010年，第274～275页。

是他们共同的心愿，尤其是福州解放之后人民解放军曾到医学院宣传党的政策，并向师生介绍了解放后济南的情况，这更勾起了学生们的思乡之情，一时间医学院师生返校的呼声特别高。[①] 所以，当院方还在反复斟酌、多方考量时，学生们已率先成立了“返校委员会”，负责制定回迁济南的具体方案。该委员会由学生选举产生，彭万程任主席，另外还有七名委员；委员会下设运输、伙食、财务三个分部，委员们各司其职、各有分工。[②] 委员会成立之后便迅速行动起来，委员们就返回济南的方式向当时驻福州的人民解放军第十兵团进行了咨询，并且多次与医学院院长李缵文博士商讨回迁事宜。[③]

除了学生外，其他各方也十分支持医学院返回济南。福州刚一解放，济南校区就发电报给榕校，要求院方立即组织师生携带设备回迁济南。9月，在上海开会的董事们也以校董会的名义致电榕校，催促师生们返回济南。与此同时，山东省人民政府也发电报给福建省人民政府，要求福建省人民政府尽一切努力协助齐

① 参见马挺光、彭万程、段惠灵供稿，何晔秋整理：《齐鲁大学医学院自福州返回济南简记》，齐鲁大学校友会编：《齐鲁大学八十八年（1864～1952）——齐鲁大学校友回忆录》，北京：现代教育出版社，2010年，第272～273页。

② 参见马挺光、彭万程、段惠灵供稿，何晔秋整理：《齐鲁大学医学院自福州返回济南简记》，齐鲁大学校友会编：《齐鲁大学八十八年（1864～1952）——齐鲁大学校友回忆录》，北京：现代教育出版社，2010年，第272～273页。

③ 参见马挺光、彭万程、段惠灵供稿，何晔秋整理：《齐鲁大学医学院自福州返回济南简记》，齐鲁大学校友会编：《齐鲁大学八十八年（1864～1952）——齐鲁大学校友回忆录》，北京：现代教育出版社，2010年，第272～273页。

鲁大学医学院尽早返回山东。[1] 当然，上述三方对齐鲁大学医学院返回济南的考量显然不尽相同。对山东省人民政府来说，齐鲁大学医学院作为当时国内负有盛名的医学院之一，它的回归一方面能够充实济南当地医务人员队伍，另一方面也会产生比较好的政治影响。在校董会看来，医学院似乎是他们"挽救"齐鲁大学的最后法宝。董事们曾一致认为，除非医学院在交通允许的情况下尽快返回济南，否则整个前景堪忧，所以他们迫切希望医学院迁回济南，以抵消二次南迁带来的不良影响。

在各方的催促下，医学院最终决定搬回济南。随后，院方致电吴克明，希望他能前往福州协助医学院师生尽快返回济南。当时，济南市人民政府、齐鲁大学校方、齐鲁大学校董会、齐鲁大学校友会等也都要求吴克明尽快南下福州，协助医学院北上。因此，9 月 2 日吴克明便离开济南，一路沿着比较适合医学院搬迁的路线南下，经过杭州、上饶和南平等地，最终于 9 月 29 日到达福州。[2]

医学院学生的返校热情十分高涨，也为此做出了很大努力。在院方与各方进行接洽的同时，学生们已经着手打包行李，他们从早上八点忙到下午六点，有时晚上还要外出购买材料。在学生

---

① The First Stages of the Return to Jinan of Cheeloo College of Medicine (Annie Scott), October 20,1949, RG011-267-4281, Archives of the United Board for Christian Higher Education in Asia, pp.83-86.

② RG011-267-4281, Archives of the United Board for Christian Higher Education in Asia, p.87.

们的努力下，9月底，当吴克明到达福州时，图书、设备的打包工作已经完成，共计1400多箱，重达200吨。①

在多方的共同努力下，10月初，医学院师生员工约140人陆续踏上了北上济南之路。返济途中，各地人民政府为医学院师生提供了诸多便利。多年后，部分亲历者还原了当时的一些情况：

1949年10月，所有图书仪器设备全部装箱，准备就绪，师生开始返校。确定路线为由福州乘小火轮到南平，师生住宿在教会学校建津中学，再由南平乘军用卡车到江西上饶，由解放军护送。南平到上饶经过武夷山。解放初期武夷山地区仍有政治土匪骚扰，车过该地区时，解放军全副武装戒备，并在卡车上架有机枪护送师生平安到达上饶。为感谢十兵团的支持帮助，师生离开上饶时，由杨葆真、彭万程、谷懋材送一面大锦旗至十兵团后勤部，表达了师生的谢意。

在上饶，师生住在一教会中学内。李缵文和彭万程、高维济先去上海找军管会魏文伯政委。魏政委对齐鲁大学医学院返校大加赞扬，认为齐鲁大学医学院回到新解放区，会起到很好的政治影响，魏政委又写信给上海铁路局，要求免费提供火车送师生回济南。联系好以后，李教授、彭万程、高维济立即返回上饶，组织师生到上海（学校仪器设备等则直

① RG011-267-4281, Archives of the United Board for Christian Higher Education in Asia, p.87.

接由上饶运回济南)。师生到上海后，一部分住新亚酒家，一部分住圆明园路小教堂。数日后即由上海乘火车直达济南，此时已是1949年11月了。这是党的政策的胜利，是人民解放军十兵团大力支持的胜利，是全体师生奋斗的胜利(这时杭州文、理学院及医预科的师生早已回到了济南)。①

除了交通方面的帮助外，人民政府还承担了齐鲁大学医学院近一半的搬迁费用。② 并且，值得注意的是，与文学院情况不同，医学院所有外籍教员都被允许返回济南，他们10月11日与吴克明、李缵文等人一起动身，沿途还得到了人民解放军的特别军事护送。③

1949年11月，齐鲁大学医学院返回济南，经过短暂的休整后重新开学。至此，齐鲁大学的二次迁校风波似乎已圆满解决，一切似乎又重新回到了正轨。作为齐鲁大学在解放前夕举校南迁行为的负责人，校长吴克明回到济南之后便被校董会批准休假一

① 马挺光、彭万程、段惠灵供稿，何晔秋整理:《齐鲁大学医学院自福州返回济南简记》，齐鲁大学校友会编:《齐鲁大学八十八年(1864～1952)——齐鲁大学校友回忆录》，北京：现代教育出版社，2010年，第272～273页。

② Summary of Conditions in Cheeloo University 1949-1950, by Gerald F. Winfield, RG011-242-3974, Archives of the United Board for Christian Higher Education in Asia, pp.393-397.

③ The First Stages of the Return to Jinan of Cheeloo College of Medicine (Annie Scott), October 20,1949, RG011-267-4281, Archives of the United Board for Christian Higher Education in Asia, pp.83-86.

年，其校长权力全部移交给了杨德斋。当时齐鲁大学的行政大权都已转移到中国教员手中，西方教员几乎完全失去了行政影响力，但学校内部仍然不够团结。师生们大体分为“新派”和“旧派”，“旧派”以教会背景的师生为主，他们支持吴克明为校长，占学校师生的大多数；而“新派”则主要由少数进步学生组成，他们支持杨德斋，但是在校内势力单薄。[①] 由上可见，虽然文、理、医三院已顺利回济，但是学校内部的管理仍然相当混乱，不仅如此，随着时间的推移，齐鲁大学和华东大学师生之间也渐生隔阂。

第二节 齐鲁大学与华东大学的纠葛

在共用校园初期，齐鲁大学与华东大学的关系十分融洽，双方在学术活动和日常活动方面多有互动。随着时间的推移，双方有很多机会加强了解，这对齐鲁大学和人民政府之间的关系构建也十分有利。但是，事情的发展却渐渐偏离了预期。两校间的矛盾和隔阂渐渐显现，学生们也不再像往日那样和睦相处，小到言语上的争吵，大到肢体上的冲突，都时有发生。

1950 年齐鲁大学校方在关于齐鲁大学与华东大学矛盾的报告

① 参见刘家峰：《调适与冲突：1950 年前后的教会大学——以齐鲁大学为个案》，章开沅、马敏主编：《基督教与中国文化丛刊》第三辑，武汉：湖北教育出版社，2000 年，第 323 页。

中记录了双方之间的各种不愉快事件。从这些事件的内容来看，两校之间的矛盾主要集中在日常生活的琐事上，代表性的事件有电线杆事件[①]、卫兵在校门任意检查事件[②]、华东大学学生电火险事件[③]等。

除了日常琐事上的冲突外，随着齐鲁大学杭榕两校的回迁，校园内师生数量骤然增多，齐鲁大学与华东大学两方对以房舍为主的各种校内资源展开了争夺，这使得双方的矛盾越来越集中到房舍和场地问题上，1950 年 7 月华东大学学生占领医学院就是比较典型的事件。当时恰逢租住齐鲁大学医学院的光被中学奉令迁回周村，校方对相关建筑进行了整理扫除，打算将其作为回迁师生的宿舍。23 日校方安排部分学生入住，但是 25 日早晨华东大学武装警卫突然率领多名男女学生前往占用，并将齐鲁大学校方布置的铁床、草褥等物品搬走，一些宿舍的门锁也被撬开，齐鲁大学学生下课后与华东大学在场学生理论，遭到华东大学学生殴打，直到杨德斋校长、赵常林院长、张崇德副院长及学生会主席等人

① 1949 年 9 月 30 日，华东大学拟将齐鲁大学无线电天线杆改装为升旗杆，与齐鲁大学总务长王明德商洽，王明德以事关既成设备尚待使用为由拒绝，并表示愿出人工协助华东大学另行装置，华东大学方面当场同意，但事后自行将齐鲁大学天线杆拆除，改为旗杆。参见《华大与齐鲁大学一年来不愉快事件》，J109-05-62，山东省档案馆藏。

② 华东大学于校门设置卫兵，凡齐鲁大学师生工眷出入均受检查，生出很多枝节。参见《华大与齐鲁大学一年来不愉快事件》，J109-05-62，山东省档案馆藏。

③ 华东大学文工团同学偷电将线接错，导致电路短路。参见《华大与齐鲁大学一年来不愉快事件》，J109-05-62，山东省档案馆藏。

赶到之后才暂时平息。但是，当天晚上住在该处的梁文藻、张振钧同学的被褥等都被掀出，女生也多次遭到华东大学武装警卫入室催逼，齐鲁大学校方无奈于次日指示相关学生全部搬出。除此之外，体育场冲突、侵占礼堂冲突等都涉及双方对场地的争夺。[①]

事实上，当初华东大学韦悫、张勃川两位校长前往齐鲁大学商借房舍时，为保证对校产的控制，齐鲁大学校方曾向华东大学方面提出八项条款，具体内容如下：

> 华大借住于齐鲁大学校舍之学生，不得超过三百人；华大所借用之房舍，齐鲁大学如需要时，得于两月前通知华大，华大即行迁让；齐鲁大学空闲教职员住宅之一部份，可租给华大教职员居住；校院整理费用之一部分，暨全校对电力公司所付电费之全部，由华大负担，至于修理水电机械之工人暨工资由齐鲁大学担负；华大教职员租借住宅应付之房租，为齐鲁大学过去既完房租价额三分之一；华大借住房舍之修缮，由齐鲁大学觅工修理，华大付款，且房舍须保持原来形式，华大不得齐鲁大学之同意不得改造；华大所用之家具由华大自备；华大尊重齐鲁大学过去之生活习惯，保持校院之整洁，并注意公共卫生。[②]

① 参见《华大与齐鲁大学一年来不愉快事件》，J109-05-62，山东省档案馆藏。

② 《华大借用齐鲁大学房舍经过及情况》，J109-05-62，山东省档案馆藏。

对于这八项条款，虽然双方没有签署正式的文件，但是华东大学口头上的同意使齐鲁大学认为上述条款已经生效。遗憾的是，八项条款后来全被打破。[①] 其中一些是齐鲁大学自愿放弃，例如第四条涉及的电费，除第一个月全部由华东大学支付外，其余时间华东大学只负担了三分之二，1949 年 9 月之后又减为三分之一；第五条的房租，齐鲁大学本着为人民服务的宗旨也自愿放弃。但是其他方面的条款，则是由华东大学强行打破。以房屋租借为例，起初华东大学还会与齐鲁大学商讨，后来慢慢演变为在事先不通知齐鲁大学的情况下径自占用，华东大学占用齐鲁大学医学院引发的冲突就是个中典型。[②]

据齐鲁大学校方统计，华东大学借用和占用齐鲁大学校产情况如下：1948 年 11 月初，华东大学先行借用齐鲁大学考文楼二层、三层为办公室，柳荫路三号楼一座、五号楼一座，青杨路六、七、八号平房三处，长柏路十一号楼房一座，同时双方商定共同使用大礼堂；12 月 3 日，又借用青杨路一号、二号楼房两座，长柏路一号、七号、十号、十二号楼房四座，男生宿舍二百号、三百号两院，美德楼宿舍一座，及各楼用俱若干种；1949 年，又陆续借用考文楼一层及地下室，杏林路一号、长柏路十四号楼房两座，农场平房四间，东村小学一座，大厨房十五间，演出部房

① Cheeloo University in Tsinan, November 10,1950, RG011-36-911, Archives of the United Board for Christian Higher Education in Asia, pp.330-334.

② 参见《华大借用齐鲁大学房舍经过及情况》，J109-05-62，山东省档案馆藏。

舍八间。共计四百一十八间。后来，华东大学自行占用齐鲁大学医学院房舍一百零二间，南新街一〇五号房舍四十二间。①

华东大学对齐鲁大学房产的借用和占用确实给齐鲁大学的各方面工作带来诸多不便，特别是杭、榕两校师生陆续回迁之后，齐鲁大学方面对宿舍、教室、实验室等各种建筑的需求大增，师生只能挤在20%的校舍里，现有房屋根本无法满足师生学习和生活的需要。以教室为例，当时齐鲁大学文、理、医三院共有八个系、五个专科，课程共计一百二十门，但是教室仅有十一间，课程编排十分困难；由于缺少实验室，部分实验仪器无法布置，只能积压在箱子里；教职员和学生宿舍也不敷分配。② 齐鲁大学校方曾多次与华东大学交涉，希望其能搬出，但是都被对方以“没有地方可以去”为由拒绝。③ 为了维持学校的正常运转，齐鲁大学校方将医院部分病房改作学生宿舍，同时在外租赁民房四十二间作为教职员宿舍，在校内扎席棚两座作为学生食堂。④ 房屋的紧缺不仅给齐鲁大学的日常工作带来很多不便，还严重影响了齐鲁大学的进一步发展，教师的延聘、新生的招收都受到很大限制。更为重要的是，华东大学对齐鲁大学校舍的任意占用，大大刺激了齐鲁大学师生，齐鲁大学师生的怨怼与日俱增，两校之间的关

---

① 参见《华大借用齐鲁大学房舍经过及情况》，J109-05-62，山东省档案馆藏。

② 参见《华大借用齐鲁大学房舍经过及情况》，J109-05-62，山东省档案馆藏。

③ 参见［美］郭查理：《齐鲁大学》，陶飞亚、鲁娜译，珠海：珠海出版社，1999年，第243页。

④ 参见《华大借用齐鲁大学房舍经过及情况》，J109-05-62，山东省档案馆藏。

系日趋紧张。

1950年5月30日，齐鲁大学医学院外籍教授杜儒德在医学院楼前为医学院三年级解剖班的学生照相，华东大学和干校的学生上前阻止，并表示禁止外国人拍照。在抢夺相机的过程中发生冲突，[①]齐鲁大学洪姓和翁姓两名学生被打。[②]由于当时场面十分混乱，根本问不出打人者的姓名，在场学生通过打人者所佩戴的写有“华东大学”字样的校徽和胸徽认出其为华东大学学生，而并非干校学生。[③]冲突发生后，齐鲁大学学生会当即召开大会，向学生们通告了事情经过，同时指示各班级、各小组就此事件进行讨论。[④]

这一冲突在齐鲁大学学生中引起了轩然大波，各班级、各小组纷纷开会讨论，并向被打学生和为此事件奔波的各位学生会常委表示慰问。学生讨论的内容不仅限于此次冲突，更拓展到华东大学侵占齐鲁大学校舍的问题。经过讨论，齐鲁大学学生提出了以下几点要求：“一、严惩肇事者，要求肇事者向被打学生道歉；二、华大归还齐鲁大学校产，包括动产和不动产，并迁出齐鲁大

① 参见李芳：《建国后教会大学的改造与调整：以齐鲁大学为例》，山东大学硕士学位论文，2011年，第42页。

② 参见《齐鲁大学学生自治会材料（有关齐鲁大学和华大争执问题）》（1950），J109-05-76，山东省档案馆藏。

③ 参见《齐鲁大学学生自治会材料（有关齐鲁大学和华大争执问题）》（1950），J109-05-76，山东省档案馆藏。

④ 参见《齐鲁大学学生自治会材料（有关齐鲁大学和华大争执问题）》（1950），J109-05-76，山东省档案馆藏。

学；三、要求有关当局在最短期间内做出公平合理的解决；四、登报（人民日报、大众日报等），请求外界声援。”有的学生甚至将此次冲突上升到保障人权和争取生存、自由的高度，认为此事关乎齐鲁大学存亡之关键，表示“头可断，血可流，绝不能让真理泯灭”①。

为安抚学生情绪，6月2日，中共中央山东分局宣传部副部长匡亚明到齐鲁大学作了相关报告。但是，匡副部长的报告并没有让学生满意，特别是其提到的“大事化小”原则，学生们引用马列主义和唯物辩证法中“实事求是”的观点以及毛泽东同志“大事不应小办”进行反驳，同时对匡副部长所说的打人者是干校学生而不是华东大学学生，齐鲁大学学生更是不以为然。②

在之后的讨论中，部分齐鲁大学学生更是将此次冲突看作对齐鲁大学全体学生的侮辱，认为华东大学阻碍了“新民主主义新齐鲁大学”的前进之路，因此坚决要求拥护真理，揭发事实真相，甚至呼吁直呈毛泽东主席。③

齐鲁大学学生的请求得到学联、教育局等有关部门的高度关注。6月3日，山东省人民政府副主席郭子化召集齐鲁大学学生

① 《齐鲁大学学生自治会材料（有关齐鲁大学和华大争执问题）》（1950），J109-05-76，山东省档案馆藏。

② 参见《齐鲁大学学生自治会材料（有关齐鲁大学和华大争执问题）》（1950），J109-05-76，山东省档案馆藏。

③ 参见《齐鲁大学学生自治会材料（有关齐鲁大学和华大争执问题）》（1950），J109-05-76，山东省档案馆藏。

会常委召开生活会。会上，针对齐鲁大学与华东大学冲突的解决，郭副主席提出了三条原则：“一、打人的事情必须检讨，首先检讨的是干校再就是华大，最后齐鲁大学也应该检讨；二、在房子问题上齐鲁大学同学们受了很大的委曲，这个问题也要解决。房子的问题应由学校行政组织负责自行解决。不能解决时，政府再来解决；三、齐鲁大学和华大的关系必须搞好。”[①] 上述原则为齐鲁大学和华东大学之间存在的矛盾提供了一个比较合理的解决方案，也赢得了齐鲁大学学生对人民政府的信任和支持。会后齐鲁大学学生对郭副主席的讲话精神及其提出的三条原则表示拥护和赞同，同时也遵照郭副主席的指示积极开展了学习总结和自我检讨。

通过检讨，齐鲁大学学生认识到了自己思想上存在的问题，主要包括：“一、对政府认识不够；二、政治学习不够，技术观点太浓厚，小资产阶级意识浓厚，自由散漫；三、对华大了解不深刻，没有正确看待其打腰鼓、唱歌、跳舞等事，对华大不够爱护、不够团结；四、自卑心理太浓厚，对不合理之事情无斗争性，未能及时对华大的错误提出意见。”对于与华东大学学生关系的问题，齐鲁大学学生们进一步表示：“愿在贤明的中国共产党和我们自己的人民政府领导下，站在平等的立场，鼓舞起兄弟间最真挚的热诚，进行兄弟间生活学习的□□，团结华大，帮助

① 《齐鲁大学学生自治会材料（有关齐鲁大学和华大争执问题）》（1950），J109-05-76，山东省档案馆藏。

华大改造那些少数落后份子，并且要铲除破坏两校友爱感性的主观主义，克服自高自大的独尊英雄主义，打倒一切妨碍团结的无形敌人……”①

经此一事，华东大学也进行了反思。为彻底解决与齐鲁大学的矛盾，华东大学决定搬离齐鲁大学。1950年11月底，在上级部门的指示下，华东大学师生陆续迁往青岛，与山东大学合并。②

事实上，齐鲁大学和华东大学之间的矛盾本质上是由两校性质、价值观念和生活习惯方面的不同导致的。华东大学学生政治觉悟较高，对具有教会背景的齐鲁大学学生十分鄙视，经常对他们怒目而视，讽刺他们是“美帝国主义的走狗”“反动派”“蒋匪帮”等；而在齐鲁大学学生眼中，华东大学的学生整天只知道“扭秧歌打腰鼓”，认为他们“野蛮”，是“土包子”，觉得他们不讲卫生，不愿与他们接近。此外，华东大学的教育目标重在思想改造和政治学习，学习形式比较丰富，且经常以锣鼓喧天的形式进行；而齐鲁大学各院系则是以技术练习和学术学习为主，这需要在相对安静的环境下进行，所以华东大学学生热闹的歌舞在齐鲁大学学生看来与娱乐无异，并且锣鼓声还经常使齐鲁大学学生无法安心学习，久而久之，双方难免产生隔阂。

值得注意的是，齐鲁大学虽为教会背景的学校，但从齐鲁大

① 《齐鲁大学学生自治会材料（有关齐鲁大学和华大争执问题）》（1950），J109-05-76，山东省档案馆藏。

② 参见张爽：《华东大学研究》，山东大学硕士学位论文，2014年，第70页。

学学生在齐鲁大学与华东大学冲突中的表现可以看出，当时齐鲁大学学生的思想已经发生了很大的转变，已经学会使用新的政治话语来维护自身权益。他们在建议信中处处提到“新民主主义新教育”“新齐鲁大学”等，强调“齐鲁大学至今天已经完全成为一所人民的大学”，“齐鲁大学的人们早已成为站在民族的立场上打击帝国主义的先锋军”，“在新政府的领导下，齐鲁大学的人们早已坚定了革命的人生观，向政府靠拢的决心和为人民服务的精神”，[①] 同时强烈要求华东大学师生改变对齐鲁大学师生的错误看法。对于二次南迁，赖恩源一直耿耿于怀，他认为正是二次南迁引发了齐鲁大学之后一连串的苦难。由以上内容来看，此说不无道理。如果当时齐鲁大学没有南迁，那么二次回迁的风波以及与华东大学之间的不愉快都完全可以避免，而这也严重影响了齐鲁大学与人民政府之间的关系。

① 《齐鲁大学学生自治会材料（有关齐鲁大学和华大争执问题）》（1950），J109-05-76，山东省档案馆藏。

第四章
齐鲁大学新生（1949 ~ 1952）

新中国成立初期，人民政府对教会学校的管理经历了一个逐步接管和改造的过程。以 1950 年 6 月朝鲜战争爆发为界，这一过程大约可以分为前、后两个时期。

前期，人民政府本着“维持现状，逐步改善”的原则，只对教会学校进行了一般性接管。这体现在两个方面：一方面，人民政府对教会学校各方面干涉较少、改造不深入；另一方面，在遵循自力更生办学原则的前提下，人民政府在对教会学校的外籍教员和外国捐款问题上实行宽容政策。周恩来总理曾在关于基督教问题的讲话中表示：“已经在中国的外国传教士，除了他们自愿要求马上离开中国或者已发现他们有反动行为证据的以外，我们并不马上要他们走，他们可以等到双方合同期满再走。”“现在中国是一个独立自主的国家，我们不向别人低头，不依赖别人。但是，我们也不盲目排外。这个原则也适用于其他教育团体，因此，对每一笔外款，要加以辨别，如果是有附带条件的援助，就不能接受。”[①] 在上述原则的指导下，齐鲁大学作为第一所被人民解放军接管的教会大学，除学校行政和政治教育外，其他方面较少受到人民政府的限制。齐鲁大学的外籍教员受到了人民解放军和人民政府的礼遇，校园里的宗教活动也能够比较自如地开展，因战争而中断的亚联董的资助后来也恢复正常。

1950 年 6 月，朝鲜战争的爆发加速了人民政府接管和改造教会学校的进程。特别是 1950 年 12 月 16 日，美国政府宣布冻结中国在美国的公私财产，并禁止向中国寄送任何资金，中央人民政府政务院于 12 月 29 日发布《关于处理接受美国津贴的文化教育救济机关及宗教团体的方针的决定》，决心以此为契机，彻底切断教会学校与美国的经济往来，同时肃清美国思想文化的影响。

1950 年底抗美援朝运动进入高潮之后，齐鲁大学外籍教师全部离济回国。[②]1951 年 1 月，教育部召开处理接受外国津贴的高等学校的会议。经过讨论，会议拟定了处理意见，大致分为三种：立即接收改为公立；暂时维持私立，准备条件改为公立；继续由

① 《关于基督教问题的四次谈话》（1950 年 5 月 2 ～ 10 日），中共中央文献研究室编:《建国以来重要文献选编》第一册，北京：中央文献出版社，1992 年，第 220 ～ 227 页。

② 参见韩铨师:《写给母校齐鲁大学的话》，齐鲁大学校友会编:《齐鲁大学八十八年（1864 ～ 1952）——齐鲁大学校友回忆录》，北京：现代教育出版社，2010 年，第 341 ～ 345 页。

私人办理，改组董事会及学校行政领导，使成为完全由中国人自办的私立学校。[①] 最终，齐鲁大学被确定为由中国人自办，但仍维持私立，政府予以补助的学校。此后，山东省人民政府正式开始对齐鲁大学进行资助，资助金额与之前联合董事会的数额相当。这对齐鲁大学来说意义重大，堪比新生，这一时期齐鲁大学校刊也更名为《新齐鲁大学》。[②]

除了真正收回教育权外，这一时期，人民政府还加快了对教会大学思想政治学习、课程设置、行政组织等方面的改革。经过之前一系列的准备，到 1952 年时，院系调整的时机已经成熟，5 月教育部公布全国高等学校院系调整方案。根据该调整方案，“齐鲁大学天文系并入新南京大学；文学院各系科并入到新山东大学；物理、化学、生物部分并入到新山东师范学院；医学院并入到新山东医学院；理学院药学系及东吴大学药学专修科合并到新设的华东药学院；经济系并入到山东财经学院”[③]，此前齐鲁大学文学院中文系和历史系已于 1951 年 8 月并入山东大学。至此，包括齐鲁大学在内的所有教会大学退出历史舞台。

齐鲁大学虽于全国院系调整中被撤销，但是在院系调整方案

---

① 参见《教育部召开处理接受外国津贴的高等学校会议　研究实施政务院决定　拟定方案各校分三种类型处理》,《人民日报》1951 年 1 月 25 日，第 1 版。

② 参见刘家峰:《调适与冲突：1950 年前后的教会大学——以齐鲁大学为个案》，章开沅、马敏主编:《基督教与中国文化丛刊》第三辑，武汉：湖北教育出版社，2000 年，第 331 页。

③ 叶张瑜:《建国初期教会大学的历史考察》,《当代中国史研究》2001 年第 3 期。

最终出台之前，为了适应新中国建设需要和人民政府对高等学校的要求，也曾积极进行改革和调整，主要集中于思想学习和政治改造、课程改革和行政改革方面。

第一节 思想学习和政治改造

济南解放后，为提高师生政治觉悟，齐鲁大学方面曾延请人民政府官员到校开设时事课程，并为教师组织了专门的政治培训班。通过学习，师生们对中国共产党和中国革命有了全新的认识。但总的来看，这一时期齐鲁大学政治学习的程度不深、不成系统、效果也不太显著。

1950 年抗美援朝战争爆发之后，为使全国人民正确认识战争形势，中共中央于 10 月 26 日发布《中共中央关于在全国进行时事宣传的指示》，号召各机关、团体、学校、工厂、部队等开展时事宣传运动。① 为响应政府号召，齐鲁大学师生员工在自觉自愿的基础上开展了以“抗美援朝，保家卫国”为主题的学习活动。学生会在此过程中发挥了积极的组织和引领作用，其学习部专门成立“齐鲁大学学生会快报组”，负责编辑出版快报，以配合此

① 参见《中共中央关于在全国进行时事宣传的指示》（1950 年 10 月 26 日），中共中央文献研究室编:《建国以来重要文献选编》第一册，北京：中央文献出版社，2011 年，第 378 ～ 382 页。

次活动。[①]

时事学习是本次活动的重要内容。各专业各班级编为不同的学习小组，以小组讨论会的形式开展学习活动，对美帝侵华、抗美援朝等问题进行深入讨论，并将具体学习情况反馈给快报编辑组，有的学习小组还会在快报上向其他小组发起挑战。[②]政治学习方面，齐鲁大学学生群体明显走在了教师队伍的前面。1950年11月27日、28日，美国代表杜勒斯和奥斯汀接连在联合国大会上发表侮辱中国人民的言论引发中国宗教团体的强烈谴责，同时也在齐鲁大学学生间引起了轩然大波。在讨论会上，同学们纷纷发表演说，每个同学都万分悲愤，痛切驳斥了杜勒斯和奥斯汀的谬论。学生们表示“决不作美帝的掩饰者”，“拒绝接受美元，脱离一切援助”，“要在自己的教育下生长起来”，进而公开要求学校“立即与美帝断绝经济上一切的联系”，“自立更生建立我们自己的人民新齐鲁大学”。在发言中，学生彭万程将自己比作“高等乞丐”，坚决要求校方切断美援；胡圣光则将在全国解放背景下仍接受美援的齐鲁大学比喻成“孤岛”。[③]可见，当时很多学生已经将“救济”和“援助”看作美国进行精神侵略的手段。

除了时事学习外，齐鲁大学师生还将相关精神落实到实际行

① 参见《发刊词》，《快报》第1期，1950年11月27日，J109-05-3，山东省档案馆藏。

② 参见《快报》1950年第1期，J109-05-3，山东省档案馆藏。

③ 参见《快报》1950年第2期，J109-05-3，山东省档案馆藏。

动中。受北京各大中学开展的慰问朝鲜人民军与中国人民志愿军运动的感染，齐鲁大学学生也展开了慰劳运动，如给志愿军写慰问信等，以表达对抗美援朝战争的支持。① 此外，同学们还成立了“志愿援朝医疗队”，随时准备响应组织号召，到抗美援朝最前线去。②

1951 年 1 月，政务院公布了《关于处理接受外国津贴的文化教育救济机关及宗教团体的方针的决定》之后，山东省文教厅派干部到齐鲁大学组织了为期一月的“肃清美帝文化侵略影响”的学习活动，并取得了比较好的效果。③ 为了更好地发扬学习活动的精神，齐鲁大学师生发起了以“保护人民祖国财产”为口号的校产保护运动，各系都进行了校产清查和登记工作。有的学生自发地进行巡查守夜，以自己的实际行动展示对人民财产的爱护与负责，④ 医学院一年级第六小组还提出了保护校产的小组公约来向其他小组挑战。⑤

通过此次学习活动和校产清理工作，齐鲁大学学生认为自己“与美帝彻底的隔断了联系，真正的永远的投入了人民的怀抱里”。但是，与同时期其他地区的学校相比，齐鲁大学师生政治学习的

① 参见《向我们友校看齐》,《快报》1950 年第 1 期，J109-05-3，山东省档案馆藏。

② 参见《欢送志愿援朝医疗队大会》,《快报》1951 年第 13 期，J109-05-3，山东省档案馆藏。

③ 参见《齐鲁大学停止接受外国津贴后的工作总结》（1951 年 11 月 29 日），山东省档案馆藏。

④ 参见《齐鲁大学今昔》,《快报》1951 年第 13 期，J109-05-3，山东省档案馆藏。

⑤ 参见《爱护人民的财产》,《快报》1951 年第 7 期，J109-05-3，山东省档案馆藏。

步子显然迈得还不够大。以青岛地区的教会学校为例，当时几乎每一个学校都进行了轰轰烈烈的控诉美帝侵略罪行的大会，同学们都从思想上清算了美国文化侵略的罪行。反观当时的齐鲁大学，政治学习主要还是以小组讨论会和检讨会的形式进行，并且很多学生还因为各种各样的思想包袱而不愿发言。但是，我们也应该看到，此阶段齐鲁大学学生的思想政治学习很多都是学生会等学生团体自发组织的，难免存在一些问题。

齐鲁大学真正开始开展由校方主导的系统性的思想政治学习和改造是在 1951 年 4 月。当时齐鲁大学校委会做出了“加强政治思想教育的决议”，并成立了“政治教学组”，随后齐鲁大学逐步建立了正常的政治学习制度，并有计划地开展了思想政治教育工作。[①] 到 1952 年 8 月院系调整，可分为两个阶段。

第一阶段，从 1951 年 4 月到 1952 年 5 月，对全校师生员工进行了形式多样的爱国主义教育，主要采取了以下几种方式。

（1）政治课。这是学校进行爱国主义教育的主要途径，并且齐鲁大学在 1951 年之前就已按照教育部的有关规定开设了相关课程，例如，1950 年秋季学期开设的《新民主主义论》和《社会发展史》两门全校性的政治必修课。[②] 除此之外，各院系还会根据

---

① 参见《齐鲁大学停止接受外国津贴后的工作总结》（1951 年 11 月 29 日），山东省档案馆藏。

② 参见《私立齐鲁大学一九五〇年秋政治课教学计划与教学大纲》，J109-05-180，山东省档案馆藏。

自身教学需要增开一些课程，如文学院历史系就曾在 1951 年春季学期的教学计划中为二、三、四年级学生增开《马列主义史学名著选读》课程。① 但是，政治课教学效果的大小主要取决于教师自身的素质，比如是否具备较好的政治理论修养、斗争经验是否丰富、教学方法是否得当等等，教师一旦“照本宣读”就很难达到预期的效果，所以政治课程的教学效果有时并不理想。

（2）政治讲座。这是另一种比较重要的思想教育方式。校方聘请济南各党政机关的负责人逐周到校讲课，内容根据学生们的思想情况而定，针对性比较强。政治讲座每周学习时长为三小时，其中讲授两小时、分组讨论一小时。学生以学院为单位划分学区，每个学区一百人左右；各学区内以十人为单位划分学习小组，方便进行小组学习。② 政治讲座的特点是可以涵盖全体学生，并且可以根据实际需要确定内容和聘请主讲人，具有很强的动机性。③

除了上述两种主要的教育方式外，齐鲁大学校方还经常组织学生参加各种社会政治活动，如参加“五一大示威”等，这一教育形式的关键在于，要做好事前动员和事后总结。当然，举办控诉会也是一种比较有效的教育方式，师生们“现身说法”，可以

① 参见《私立齐鲁大学一九五一年春文学院历史系教学计划与教学大纲》，J109-05-188，山东省档案馆藏。

② 参见《1951 年春政治讲座教学大纲》，J109-05-188，山东省档案馆藏。

③ 参见《齐鲁大学停止接受外国津贴后的工作总结》（1951 年 11 月 29 日），J109-05-62，山东省档案馆藏。

达到以群众教育群众的目的，有利于学生分清敌友。[①]

一年多的爱国主义教育解决了齐鲁大学学生思想上的一些问题，主要表现在三个方面。首先，在思想上初步认可了中国共产党和人民政府。祖国建设的伟大成就和国际地位的空前提高，使学生们意识到了人民民主制度的优越性，党和政府在学生中享有很高的威信，大多数人都拥护中国共产党和人民政府。其次，在个人与国家的关系问题上，学生基本认可了为国家服务、为人民服务的要求，并且从学生们积极报名参加军干校等行为中可以看出，部分学生已经能够在实际行动中践行这一要求。最后，在对帝国主义（特别是美国）的认识方面，已经基本认清了其反动本质，恐美、亲美、崇美的思想也因为抗美援朝战争的胜利在一定程度上被肃清。[②]

齐鲁大学校方有计划、有步骤进行的爱国主义教育取得了相当的效果，但是仍存在很多问题，其中最大的问题是学生的宗教信仰问题。据校方统计，1951 年齐鲁大学学生 428 人，其中信教人数 202 人，占总人数的 47%。[③] 信教学生思想进步较慢，且其宗教哲学与爱国主义尖锐对立。例如，校方曾组织学生进行爱国公约宣誓活动，有的教徒拒绝参加，并说“我只能对天对地宣

① 参见《齐鲁大学停止接受外国津贴后的工作总结》（1951 年 11 月 29 日），J109-05-62，山东省档案馆藏。

② 参见《齐鲁大学停止接受外国津贴后的工作总结》（1951 年 11 月 29 日），J109-05-62，山东省档案馆藏。

③ 参见《解放后人民政府整理的有关齐鲁大学情况》，J109-05-27，山东省档案馆藏。

誓”；每参加一次活动，有些教徒事后就会“忏悔”，因为在上帝看来“这是罪恶”。更重要的是，神学院经常利用聚会时间向学生散布反动言论，例如“现在黑云密布着（暗指新中国）——我们都成了失去慈母没有奶吃的羔羊（这是说他的“美国慈母”已滚蛋，洋奴的津贴没有了）”，“世界本来是美丽的——但现在被魔破坏了——齐鲁大学不就是例子吗？”教徒中间也常互相散布一些反动思想。[①] 可见，宗教信仰是阻碍齐鲁大学学生思想进步的重要问题。同时，单纯的技术观点，重业务、轻政治，不关心时事，自私自利的个人主义等观念在学生中也还普遍存在，需要进一步教育和改造。

另外，从上述教育方式可以看出，齐鲁大学校方此次爱国主义教育活动的对象主要是学生群体，对广大教师、员工等群体的思想教育和改造则相对缺乏。思想政治教育的不全面性也制约着齐鲁大学思想政治工作的推进，特别是有些教授的思想本身就是亲美崇美的，比如有的教授专门在课堂夸耀美国的实验仪器先进，并说：“美国是侵略者但这只有美国才有。”有的教授竟在课堂上讲“中国是地大物不博”，某某东西“只有美国才有”，等等。[②] 这些都对学生们的思想造成了严重的影响。据统计，1951 年齐鲁

① 参见《齐鲁大学停止接受外国津贴后的工作总结》（1951 年 11 月 29 日），J109-05-62，山东省档案馆藏。

② 参见《齐鲁大学停止接受外国津贴后的工作总结》（1951 年 11 月 29 日），J109-05-62，山东省档案馆藏。

大学共有教授、副教授56人，其中毕业于教会大学的教授有35人，约占62.5%；教徒有26人，占46%；在国外留过学或进修的有23人，占41%。[①] 其中，被列为“落后”“很落后”“保守”的教授有26人，被列为“进步”“积极”“要求进步”的则仅有15人。[②] 无疑，教师群体的思想也亟须进一步改造。

1952年5月底，齐鲁大学的思想学习和政治改造进入第二阶段。此阶段校方开展了全校范围内的思想改造运动，包括教师、学生、医生、护士、工人在内的全体人员都是此次运动的改造对象。本次运动的目标是彻底清除美帝文化侵略的影响，肃清师生们的恐美、亲美、崇美思想，进而树立仇美、鄙美、蔑美的思想和民族自尊心、自信心。此阶段的学习又可以分为三个时期。

（1）准备时期。主要包括运动开展的前三周，在这三周时间里，经过初步检查，全校师生和职工暴露出很多思想问题，主要是对崇美思想揭露不够、批判不深，如“至今还有人在情绪上对美帝还没有深恶痛绝”“至今还有人拿美帝国主义分子当‘朋友’”等。针对这些问题，校方决定在下阶段进行一次彻底地控诉，着重清算以下六个方面：“一、帝国主义为了达到侵略中国的目的，运用齐鲁大学搜集情报的活动；二、帝国主义在齐鲁大学进行的

① 参见陶飞亚:《院系调整之前，齐鲁大学教授状况分析》，章开沅、马敏主编:《社会转型与教会大学》，武汉：湖北教育出版社，1998年，第69页。

② 参见陶飞亚:《院系调整之前，齐鲁大学教授状况分析》，章开沅、马敏主编:《社会转型与教会大学》，武汉：湖北教育出版社，1998年，第69页。

一连串的反共反人民的活动，如反苏大游行、合校南迁、迫害学生进步活动等。三、帝国主义在齐鲁大学进行奴化教育，用津贴、留洋及其他小恩小惠的卑鄙手段拉拢麻醉师生，宣扬美国的‘文明’，使中国人成为他们的奴才；四、外国传教士、牧师等帝国主义分子如何披着宗教外衣进行反动活动，为美国国务院服务；五、帝国主义分子，诸如赖恩源、林仰山之流，假仁假义，以中国人民为敌，对中国人民任意污蔑和残害的事实；六、中国人民的叛徒和帝国主义走狗吴克明、孙恩三等人的罪行。”①

6月18日下午二时，齐鲁大学学委会副主任杨涤生向全校师生员工作了动员报告，号召大家克服思想障碍，彻底地揭发和控诉美帝的侵略，让自己“不但使肉体回到了祖国的怀抱里，而且在思想上完全回到祖国的怀抱里来”。之后，此次思想改造运动进入第二个时期。

（2）控诉和揭发时期。从6月18日到27日，历时十天，主要采取小组座谈、大组座谈和全校控诉三种形式。个人在小组和大组座谈中广泛讨论、充分酝酿，进而在全校控诉大会上控诉和揭发一直压在心底从未敢谈的美帝侵略罪行，用亲身经历和目睹的事实给其他人以启发和教育。通过分析有关控诉资料，可以看出，当时大家的控诉主要都集中于上述六方面内容，有的人侧重

① 《彻底清算美帝文化侵略影响，杨涤生同志作动员报告号召全校师生员工揭发美帝侵略罪行》,《学习快报》1952年第1期，J109-05-3，山东省档案馆藏。

于控诉自己受美帝文化侵略影响犯下的错误，有的人则侧重于揭发他人的罪行，其中以对医学院有关人员的控诉资料最令人触目惊心，以下略举几例：

> 又一次单潭恩给一个小孩割膀胱后，用手在肚子里翻来覆去乱掏，第二天孩子就死了，他母亲来时，孩子躺在停尸房里，肚子破开了，五脏都露出来了。
>
> 一九四六年十月，我亲眼看见北京辅仁大学生物系的帝国主义份子们，为了制造斑疹伤寒疫苗，供给到察北，内蒙一带传教的神甫们作预防之用，就搜集了大批虱子，在虱子的肠腔内注以斑疹伤寒之立克次氏体以便培养，然后将这些虱子装在小木匣里，每匣五十个，木匣的一面为铁纱，贴绑在被雇用的中国人的手臂或大腿上，用中国人鲜血喂养虱子。[①]

对于这些控诉，时人的评价是“以办慈善事业，提倡医学教育作招牌，用中国人的生命和鲜血作实验品”[②]“拿着中国人当成他们练习技术的工具”[③]“有意识的拿我们中国同胞的生命当儿戏，

① 《揭开美帝乔装“慈善”的假脸》,《学习快报》1952 年第 4 期，J109-05-3，山东省档案馆藏。

② 《揭穿美帝国主义的狰狞面目——第八组纷纷控诉》,《学习快报》1952 年第 4 期，J109-05-3，山东省档案馆藏。

③ 《揭开美帝乔装“慈善”的假脸》,《学习快报》1952 年第 4 期，J109-05-3，山东省档案馆藏。

当动物作试验”[①]，认为这和偶然的业务过失有本质区别。

到6月27日，对美帝文化侵略罪行的控诉基本结束。通过对这一时期改造情况的总结，齐鲁大学校方认为，大部分人能够从思想上划清敌我界限，对自己存在的亲美崇美思想有了初步的认识和批判，对美帝国主义的丑恶本质也有了进一步的认识，政治警惕性和阶级觉悟均有所提高。但是，仍有少数人由于受美帝文化侵略影响较深，至今敌我界限还不能划清，在座谈中不敢大胆控诉，不是沉默无言就是吞吞吐吐，或谈些鸡毛蒜皮的细小事情，或多为自己解释。[②]从之后的控诉资料来看，校方口中的“少数人”主要是指学校领导层和教师队伍中具有教会背景的那一部分人，这些人都是从教会学校毕业，并且有海外留学的经历。基于上述情况，校方决定在下阶段的运动中重点加强对这一部分人的思想改造。

（3）自我检查时期。经过一段时间的准备，7月7日，齐鲁大学思想改造运动进入自我检查时期。此时期要求大家在个人自觉、自我改造的基础上大胆地暴露思想，同时做到互相帮助，发挥“与人为善，治病救人”的精神，做到“知无不言，言无不

① 《护士代表团是怎样帮助杜大夫进行思想检查的？》，《学习快报》1952年第10期，J109-05-3，山东省档案馆藏。

② 参见《控诉美帝国主义文化侵略罪行基本结束，师生员工觉悟获得很大提高，尚有少数人揭发不够，必须于下阶段深刻检查》，《学习快报》1952年第6期，J109-05-3，山东省档案馆藏。

尽”，实现共同进步。[①]

这一时期，凡是有教会背景的教授、医生和学校主要领导都在学习过程中进行了重点检讨，他们的思想检查材料被分发到各个学习小组，相关学习情况也在校内刊物上进行了刊登。在这一过程中，学生们充分发挥了政治学习和改造的先行者优势，帮助教师们进行思想改造。对于教师们的思想检查材料，每个小组都会进行热烈地讨论和深入地分析，并针对其中存在的问题提出改进意见。各院系通过民主的方式产生“代表团”，代表团的代表们深入各系、各班搜集意见，为了更好地帮助教师们进行思想改造，他们还制定了专门的工作计划和工作制度。由于教师与外国人和教会存在较长时间、较密切的交往，所以学生对他们的思想检查往往提出了更高的要求，只喊口号、脱离自身根本无法顺利“过关”。而从有关材料中可以看出，大部分教师的思想检查都被认为是不深入、不深刻的，少数教师被学生认定为对问题的认识模糊、分析批评不够。其中大多数人的态度还是比较诚恳的，能够虚心、诚恳地接受学生们的建议。当然，也有个别教授被认为态度极不老实。[②]

① 参见《“知无不言，言无不尽”》，《学习快报》1952 年第 9 期，J109-05-3，山东省档案馆藏。

② 参见《学习快报》1952 年第 8 期，J109-05-3，山东省档案馆藏；《学习快报》1952 年第 9 期，J109-05-3，山东省档案馆藏；《学习快报》1952 年第 11 期，J109-05-3，山东省档案馆藏；《学习快报》1952 年第 13 期，J109-05-3，山东省档案馆藏；《学习快报》1952 年第 17 期，J109-05-3，山东省档案馆藏。

由上可见，相对于第一阶段的爱国主义教育活动，第二阶段齐鲁大学校方更侧重于对师生的思想改造，且范围扩展到了全校，改造的重点也由学生群体转变为教师和学校领导层。思想的转变是其他一切工作的前提，因此齐鲁大学的思想改造运动也为其他方面的改造打下了较好的基础。

第二节 课程改革

高等教育课程改革是新中国成立初期人民政府改造“旧教育”的重要内容。为保证此方面工作的顺利开展，人民政府及有关部门结合新中国成立初期我国高等教育的实际情况进行了一系列积极探索。

《中国人民政治协商会议共同纲领》作为新中国临时宪法性质的文件，阐明了新中国文化教育工作的基本原则，其第四十六条明确指出:“中华人民共和国的教育方法为理论与实际一致。人民政府应有计划有步骤地改革旧的教育制度、教育内容和教学法。”[①] 同时，还规定:“中华人民共和国的文化教育为新民主主义的，即民族的、科学的、大众的文化教育。人民政府的文化教育工作，应以提高人民文化水平，培养国家建设人才，肃清封建

① 全国人大常委会办公厅、中共中央文献研究室编:《人民代表大会制度重要文献选编》(一)，北京：中国民主法制出版社，2015 年，第 84 页。

的、买办的、法西斯主义的思想，发展为人民服务的思想为主要任务。”[①] 这为高等教育课程改革指明了方向。

1950 年 3 月，教育部组建高等学校课程改革委员会，组织专家“起草了文、法、理、工、农五个学院 24 个系及专修科 54 种的课程草案”，同时“委托中央卫生部起草医学院课程草案，华东区教育部起草财经学院课程草案”。[②]6 月，第一届全国高等教育会议召开，此次会议也涉及高等教育课程改革的有关问题，讨论修正了高等学校各系科课程改革方案，通过了《关于实施高等学校课程改革的决定》。[③] 7 月 28 日，政务院第四十三次政务会议对《关于实施高等学校课程改革的决定》予以确认并在全国发布。

《关于实施高等学校课程改革的决定》对高校课程改革的有关内容做出详细规定，主要涉及以下几个方面：“一、课程设置上，废除反动的政治课程，开设新民主主义的、革命的政治课程；课程设置要符合国家建设的实际需要，不应‘因人设课’；在理论学习的基础上，适当专门化；精简课程，删除重复的和不需要的课程。二、教学组织上，以学系为教学单位。三、修业年限上，

① 全国人大常委会办公厅、中共中央文献研究室编：《人民代表大会制度重要文献选编》（一），北京：中国民主法制出版社，2015 年，第 83 页。

② 参见《第一次全国高等教育会议的报告》（1950 年 7 月 17 日），高等教育部办公厅编：《高等教育文献法令汇编 1949 ～ 1952》，高等教育部办公厅，1958 年，第 17 页。

③ 参见《第一次全国高等教育会议的报告》（1950 年 7 月 17 日），高等教育部办公厅编：《高等教育文献法令汇编 1949 ～ 1952》，高等教育部办公厅，1958 年，第 18 页。

以三至五年为原则。四、授课时间上，每学期授课时间应满十七周；每周学习时间（包括自习及实验）以四十四小时为标准，最多不得超过五十小时；每周课外活动时间，不超过六小时。五、高校应与政府各部分、企业、机关，建立密切的联系。此外，对师资和教材也提出了相应规定。”①

齐鲁大学作为一所拥有八十多年历史的教会大学，在教学方面受英美等国的影响很深，课程设置、教学方法等都以英美模式为蓝本，因此，课程改革之前其教学实际与《中国人民政治协商会议共同纲领》和《关于实施高等学校课程改革的决定》的要求相去甚远。为了满足人民政府的教育要求，培养符合国家建设要求的人才，校方进行了积极的改革。

精简课程是齐鲁大学课程改革的首要环节。1949 年上学期，文学院首先做出表率，对各学系的共同必修课程进行了初步精简。到 1949 年下学期，课程精简仍是齐鲁大学课程改革的重点。这一学期，医学院也在此方面进行了努力，在借鉴国内著名医科大学及医学院经验的同时，经反复讨论研究，医学院决定取消四年级的英语必修课，将二年级的英语课减为两学分。

在精简课程的基础上，这一学期校方提出了“理论与实际结合”的教学改革原则，强调教育为生产建设服务。经过一学期的

① 《关于实施高等学校课程改革的决定》（1950 年 7 月 17 日），高等教育部办公厅编:《高等教育文献法令汇编 1949～1952》，高等教育部办公厅，1958 年，第 59～60 页。

努力，也取得了一定成效。以理学院为例，毕业论文方面，改变了过去与实际应用脱节、与人民生活毫不相关的“玄异性”研究，各学系毕业论文基本上围绕国家生产建设的需要，初步纠正了好高骛远、不切实际的偏向；日常实验方面，理学院与济南各国营工厂及个别机关团体进行了交流，确立了“实验为生产服务”的理念，改变了以往“为实验而实验”的错误观念。①

经过1949年两个学期的努力，齐鲁大学各院系课程改革取得了初步成效，在此基础之上，齐鲁大学校方在1950年度第一学期工作计划中提出要在课程内容的改革上重点努力，“从而逐步的将现有课程内容变成新民主主义的，即民族的科学的大众的”。为实现这一目标，校方计划围绕以下几方面开展工作。第一，继续贯彻“理论与实际相一致”的教学方法，力求课程内容切合当前国家建设的需要；第二，认真执行教育部关于高等学校为工农青年开门的指示，适当从宽录取，并在生活、学习和费用方面给予帮助；第三，根据全国卫生会议的决定，对医学院进行学制改革，由原来的七年改为五年；第四，将理论讲授与实习、实验、参观等密切结合；第五，确认政治思想教育是新民主主义教育的基础及灵魂；第六，确认教师质量之优劣是改造与加强高等教育的关键；第七，在保障正课学习的同时开展课外活动和社会服务。②

---

① 参见《一九四九年下学期工作总结》（1950年8月15日），J109-05-16，山东省档案馆藏。

② 参见《一九五〇年度第一学期工作计划》，J109-05-5，山东省档案馆藏。

在课程内容改革取得一定成效之后，1950 年度第二学期，齐鲁大学校方将改革的重点集中于教学的组织性和计划性，主要表现为：各院系科在课程草案的指导下，制定和执行教学计划和教学大纲；完善教学组织，执行课代表制；精简教材，采用中文教材。①

由上可知，济南解放后，为革新教学实际，齐鲁大学校方确实付出了很大的努力，虽然遇到了很多困难，但是各方面都在“缓慢的前进着”。统观齐鲁大学课程改革，其呈现出以下特点：第一，改革具有较明显的阶段性。前期围绕课程数量和课程内容等具体层面展开，在此基础上进一步创建并完善了教学组织和教学制度，由浅入深，由微观到宏观，进行了逐步改革。第二，齐鲁大学的课程改革以具体事实为依据，体现了“五结合”原则，即结合国家建设需要、政策规定、国内外时事政治、学校实际和学生程度，相关改革措施比较合理。第三，各院系课程改革的难度不同。文学院各学系特别是中国文学系和历史系的课程，因为具有较强的政治性和思想性，不易实现理论与实际的结合，改革难度更大；而理学院和医学院各系科的实用性更强，也更容易转变。因此，这也更凸显了文学院课程改革的重要性和紧迫性。

到新中国成立时，齐鲁大学文学院已有近三十年的历史，在成立之初主要设立了教育、国文、历史、政治、社会、英文等系。当时，除了国文系外，其他各系都是由外国人主持，因此在教材

① 参见《齐鲁大学一九五〇年度第二学期工作总结》，J109-05-16，山东省档案馆藏。

内容、教学方法以及教学目的的设置上，都是以在中国开展教会事业为出发点。后来，随着国内政治形势的变化和自身的发展，文学院对相关科系进行了裁并，但是大体情况保持不变。回迁济南之后，文学院也积极进行了改革。首先，调整了学系名称和授课内容。国文系改称中国文学系，加强新文学的讲授；历史社会系改为历史系，停开社会学课程；政治经济系改为经济系，专门讲授与经济有关的课程，且偏重于技术方面的学习。其次，增设新民主主义的革命课程。如 1949 年下学期，中国文学系添设两门新的课程，一是“文艺论”，讲授大众文学；一是“鲁迅小说研究”，讲授鲁迅先生文学作品中的革命精神。历史系则添设了“马列主义史学名著选读”“近代西洋革命史”“苏联革命史”等课程。此外，文学院学生还办了墙报，主要是为了督促同学们进行自我检讨并向他人学习。①

为了加快文学院的改革步伐，彻底革除以前所有的弊端，校方还根据《中国人民政治协商会议共同纲领》第四十一条的内容拟定了《文学院改进计划书》。这一计划是在文学院教师和学生充分讨论基础上，再经文学院全体教师集中讨论后才正式颁布的。为了指导和监督相关计划的实施，校方还计划成立一个由齐鲁大学教职员、社会先进人士和政府代表组成的“齐鲁大学文学院改进委员会”。上述计划书主要涉及各系的方针与任务、课程分配、

① 参见《齐鲁大学文学院改进计划书》，J109-05-227，山东省档案馆藏。

教学方法和设备充实四个方面的内容，其中第一方面是核心内容，后三个方面则是实现途径。各系的方针和任务具体如下：

> 中国文学系：“培养能从民族特性、大众立场和科学观点上，运用中国语文，从事剧作的人才；培养能从民族特性、大众立场和科学观点上，整理和批判中国文化遗产的人才”。
>
> 历史系：“培养学生具有以历史唯物的观点，研究和解释中外历史发展的能力，并培养其对中国和世界历史的基本知识”。
>
> 经济系：“以马列主义的观点与方法，分析和了解财政经济上的问题，并着重实用技术的训练，以配合新民主主义经济建设的需要”。①

从上述内容来看，齐鲁大学校方对文学院的改革主要是解决文学院人才教育与社会实际需要相脱节的问题，而这也是长期以来困扰文学院改革的重点和难点问题。但是，上述方针事实上并没有很好地解决这一问题，齐鲁大学文学院的人才培养目标基本上仍然停留在为社会培养一般的文化教育工作者层面。

---

① 《齐鲁大学文学院改进计划书》，J109-05-227，山东省档案馆藏。

第三节　行政改革

齐鲁大学的行政领导权大多数时间是由外国人把控。20 世纪 20 年代在国民政府立案之后，学校和学院的主要行政领导人虽然全部换成了中国人，但是实际仍为外国人主导。济南解放后，在人民政府的帮助下，齐鲁大学的行政领导权才真正回归到中国人手中，并逐渐建立和完善了学校行政组织。

济南解放后，齐鲁大学校方曾成立各院系科的联席会议，暂时领导学校行政事务。但是因为该组织职权不明，加上当时教职员的政治觉悟不高，因此未能充分发挥集体决策应有的效力。1949 年 8 月，山东省人民政府教育厅颁布了《山东省私立学校暂行管理办法》，该办法共十四条，对山东省内私立学校的相关工作做出了规定。迟至 1950 年 2 月，齐鲁大学校方才依据上述规定第四条内容，在校长领导下成立了校务委员会。该委员会共有 25 名成员，由教职员代表和学生代表组成，其中，校长为当然主席；委员会于 2 月 1 日正式成立，规定每月开会一次。校务委员会的成立，使齐鲁大学的行政和教学工作有了领导上的中心，各方面的改造工作也渐渐有了一定进展。但是，由于齐鲁大学校内仍存在很浓厚的宗派思想，所以学校行政方面的改革受到了严重的桎梏，主要表现为在人事上划分小圈子、崇拜资本主义、单纯强调技术等。这些反进步的潜在意识，有形或无形地妨碍了学校的行政改革。[①]

1950年7月28日，政务院第43次政务会议批准通过了《高等学校暂行规程》《私立高等学校管理暂行办法》等相关文件，为齐鲁大学的行政改革进一步指明了方向。为加强行政组织，提高行政效率，齐鲁大学校方在遵循《高等学校暂行规程》《私立高等学校管理暂行办法》的原则下，参照学校实际拟定了《私立齐鲁大学暂行组织规程》，经第九次校务委员会通过后，于1950年10月19日封发华东教育部和济南市教育局审核。[②]

《私立齐鲁大学暂行组织规程》包括总纲、行政组织、教学组织、会议和社团，共五章二十条细则，详细规定了齐鲁大学各方面的组织管理办法。行政组织方面，该规程绝大部分是按照《高等学校暂行规程》第五章"行政组织"中的内容拟定，但是要比它更加详细。具体如下："一、齐鲁大学实行'校长负责制'，校长一人，总领学校各类事务。二、副校长一到两人，协助校长处理校务。三、行政组织分为八大部门：秘书室（《高等学校暂行规程》中无，齐鲁大学增设）；教务处，下设注册组、课业组、辅导组、体育组、出版组；总务处，下设文秘组、庶务组、出纳组、铁工部、印刷所；文学院，分设中国文学系、历史系、经济系、外文组；理学院，分设天文数学系、物理系、

① 参见《一九四九年下学期工作总结》（1950年8月15日），J109-05-16，山东省档案馆藏。

② 参见《私立齐鲁大学暂行组织规程》，J109-05-5，山东省档案馆藏。

化学系、生物系、药学系、农业专修科（附设实验农场）；医学院（附设教学医院），分设医学院前后期十八科、护士专修科、化验技士专修科；会计室（《高等学校暂行规程》中无，齐鲁大学增设）；图书馆。四、设校务委员会。五、定期召开教务会议及各教研组联席会议、总务会议、院务会议及系科务会议等。”①

《私立齐鲁大学暂行组织规程》的拟定使齐鲁大学的组织工作有了较明确的目标，但是各项措施不可能一步到位。这一时期齐鲁大学行政上依然存在很多问题，例如规章制度不健全，无人事制度、会计制度，行政领导经常陷于紊乱状态；行政领导缺乏相关经验，掌握不着原则，经常陷于严重的事务主义；行政领导上的意见不一致，主要表现在教职员与行政人员、体力劳动者与脑力劳动者之间，造成了不团结的现象，等等。②

1950 年 12 月 29 日，中央人民政府政务院第 65 次政务会议通过了《关于处理接受美国津贴的文化教育救济机关及宗教团体的方针的决定》，次年 1 月又召集会议，根据各学校的具体情况对接受外国津贴的学校分别制定了处理办法，齐鲁大学最后被确定改为由中国人自办，但仍维持私立，政府予以补助的学校。自 1951 年 3 月起，山东省人民政府开始为齐鲁大学补助经费，这标

① 《私立齐鲁大学暂行组织规程》，J109-05-5，山东省档案馆藏。

② 参见《齐鲁大学停止接受外国津贴后的工作总结》（1951 年 11 月 29 日），J109-05-62，山东省档案馆藏。

志着齐鲁大学的财政权也完全由中国人掌握，这对齐鲁大学来说似乎是“新生”。此后，针对之前学校行政上的问题，校方也加快了改革步伐。

4月16日，齐鲁大学召开了“新生”后的第一次校务委员会，此次会议提出“加强行政领导，调整机构，建立各种制度，树立民主作风，提高工作效率，克服过去无组织无纪律的混乱状态”的行政改革总方针。[①]在此后半年的时间里，齐鲁大学在行政改革方面主要取得了以下成果。

首先，调整人事、健全机构，加强了行政领导。增添副校长一人，由医学院院长张汇泉担任；医学院增添副院长一人，由医学院教授张子圣兼任，医学院同时添设教务主任一人；秘书室增设人事秘书；教务处增设政教组、出版组，充实辅导组，会计组改归总务处领导。[②]

其次，成立各种委员会，细化了行政分工。为统一教师聘任，在校委会下成立“聘任委员会”，推选校长，教务长，文、理、医三院院长及人事秘书为聘任委员会当然委员，同时三院各推一名教授参加。为保证经费管理合理化，在校委会下成立“经费稽核委员会”，由文、理、医三院教员代表各一名、工会代表及学生会代表各两名组成。为了加强思想政治教育，成立“政治

① 参见《齐鲁大学停止接受外国津贴后的工作总结》（1951年11月29日），J109-05-62，山东省档案馆藏。

② 参见《齐鲁大学一九五〇年度第二学期工作总结》，J109-05-16，山东省档案馆藏。

教学委员会”，推选校长、教务长、政教组主任、三院院长、工会主席、学生会主席、政治教授、团支部代表各一人为委员。为响应“健康第一”的号召，建立“学生卫生保健委员会”，由校长、总务长、公共卫生科主任、体育组主任、学生会团支部代表各一人组成。为普遍深入开展抗美援朝运动，成立“抗美援朝三项爱国运动推进委员会”，并成立“抗美援朝捐献武器演出委员会”。①

最后，拟定各种章则，完善了管理制度。1951年11月上旬，教务处拟定并下发了《各种规则制度办法试行草案》，包括班主任的任务、班委会工作范围、教学研究小组的工作任务和制度、学生守则、请假考勤制度、寝室规则、化学实验室规则等十七项试行规章。② 财务方面，建立会计制度，实行预算制度和现金管理制度。校产管理方面，清查了校产，并初步建立了校产管理制度。③

由上可以看出，齐鲁大学校方在初步建立和完善行政组织之后，已开始着手制定行政制度，这也体现出了一定的步骤性和规划性。总而言之，济南解放后，为满足新形势下的新要求，齐鲁大学校方在行政方面进行了规范性的改革，逐步建立和完善了行

① 参见《齐鲁大学一九五〇年度第二学期工作总结》，J109-05-16，山东省档案馆藏。

② 参见《各种规则制度办法试行草案》（1951年11月），J109-05-5，山东省档案馆藏。

③ 参见《齐鲁大学停止接受外国津贴后的工作总结》（1951年11月29日），J109-05-62，山东省档案馆藏。

政组织和行政制度。但是，由于现实情况的限制，校内派系林立，新派与旧派、教会人士与非教会人士、落后分子与进步人士矛盾重重，这也使齐鲁大学的行政改革困难不断、举步维艰。

结　语

抗日战争胜利后，国共两党由合作到分裂，国民党挑起内战。1949 年初，随着三大战役的胜利，人民解放军势如破竹，国民党军队节节败退。面对全国解放的形势，是“随国民党政府不断南迁”还是“坚守原地等待解放”，这对当时的大多数人来说是需要审慎考虑的。齐鲁大学同样也面临“去”与“留”的选择，它的最终选择反映并深刻影响了其与国共两党的关系，而其中的诸多事件也体现了战后齐鲁大学与政府关系的变化过程。

抗战复员建设时期，齐鲁大学和国民政府互动积极。一方面，出于战后重建的需要，齐鲁大学有意加强了与国民政府各部门的联系；另一方面，基于对战后国家建设人才需求的考虑，国民政府也对在华基督教学校寄予厚望。因此，战后国民政府各机构为齐鲁大学提供了资金、设备、师资等多方援助，使齐鲁大学各方面重建工作稳步推进。而作为对国民政府各方援助的回报，齐鲁大学师生对国民政府各部门的日常工作和活动给予了积极地配合。所以，此时期齐鲁大学和国民政府虽因物资所属问题产生了一些小摩擦，但是双方的关系总体上还是十分融洽的，这种融洽的关系显然是基于各自需求做出的理性选择。

不同于与国民政府的积极互动，此阶段齐鲁大学与中国共产党则缺少官方层面的联系。齐鲁大学师生对中国共产党的了解仅仅是通过国内报章，因此他们中的大多数特别是外籍教员对中国共产党缺乏正确和全面的认识。但是，当时齐鲁大学校园内也有部分进步人士与中国共产党保持着一定的联系，例如后来的校长杨德斋，他在解放前就与济南的共产党组织有着密切的联系。

济南解放前夕，齐鲁大学错误地判断了国内政治和军事形势，合校南迁，医学院和文、理两院先后迁往福州和杭州，只留少数人员留守济南校区。在齐鲁大学南迁之前，中国共产党曾派人与杨德斋等人联系，试图挽留，结果并未成功。对于南迁的原因，齐鲁大学校方始终对外宣称是交通困难。济南解放后，留守济南的齐鲁大学中外师生受到人民政府的礼遇，教学活动和宗教活动都得以正常进行。人民政府的友好态度使留守济南的齐鲁大学师生对中国共产党彻底改观，之前关于中国共产党的谣言不攻自破。同时，留守济南的齐鲁大学师生也积极发挥自身优势，在医疗、农业等方面与人民政府展开合作，双方关系良好。而在这一时期，节节溃败的国民党政府已自顾不暇，未给留守济南的齐鲁大学提供任何帮助，这使留守济南的齐鲁大学师生极为不满，也直接引发了杭校学生的请愿行动。

杭州和福州相继解放后，杭榕两校师生谋求回迁，但是二次南迁人员的合法性却一度遭到人民政府的否认，由此引发了一系列风波。齐鲁大学原校长吴克明作为二次南迁的主要负责人被免职，齐鲁大学校内也掀起了“新派”和“旧派”之争。杭榕师生回迁之后，由于校内房屋问题，与暂住齐鲁大学校内的华东大学学生发生严重冲突，华东大学最终迁出。

新中国成立之后，随着各方面工作的展开，人民政府逐步开始了对各级各类学校的调整与改造。为适应新时期国家建设的需要，齐鲁大学主动或被动地进行了一系列改革，主要集中于思想政治、教学和行政方面。上述改革虽然困难重重，但也取得了一定的成果，这表明了齐鲁大学师生改造与进步的决心。1952 年，随着院系调整方案最终确定，齐鲁大学各院系分别迁往他校。齐鲁大学虽然被撤销，但适应了国家发展的需要，以另一种方式融入了新中国各方面的建设之中。

参考文献

一、中文文献

（一）档案文献

山东省档案馆藏齐鲁大学档案全宗。

耶鲁大学神学院图书馆藏亚洲高等教育联合董事会档案（Archives of the United Board for Christian Higher Education in Asia）。

（二）文史资料、史料汇编

何东昌主编:《中华人民共和国重要教育文献 1949 ～ 1975》，海口：海南出版社，1998 年。

济南市政协文史资料委员会编:《济南文史资料选辑》（1 ～ 11 辑），济南：济南市政协文史资料委员会，1983 ～ 1995 年。

李楚材编:《帝国主义侵华教育史资料——教会教育》，北京：

教育科学出版社，1997年。

潘懋元、刘海峰编:《中国近代教育史资料汇编·高等教育》，上海：上海教育出版社，2007年。

齐鲁大学校友会编:《齐鲁大学八十八年（1864～1952）》，北京：现代教育出版社，2010年。

舒新成编:《中国近代教育史资料》，北京：人民教育出版社，1961年。

山东文献社编:《山东文献》（1～11卷），台北：山东文献社，1975～1986年。

山东省政协文史资料委员会编:《山东文史资料选辑》（1～13辑），济南：山东人民出版社，1982～1992年。

王元德、刘玉峰编:《文会馆志》，潍县：广文学堂印刷所，1913年。

中国基督教教育调查会编:《中国基督教教育事业》，上海：商务印书馆，1922年。

中共中央文献研究室编:《建国以来重要文献选编》第一册，北京：中央文献出版社，1992年。

中共中央文献研究室编:《建国以来重要文献选编》第三册，北京：中央文献出版社，1992年。

朱有瓛、高时良主编:《中国近代学制史料》第四辑，上海：华东师范大学出版社，1993年。

（三）报纸杂志

《光明日报》

《齐鲁大学复员纪念特刊》

《齐鲁大学校刊》

《人民日报》

《人民教育》

《申报》

《文汇报》

《新齐鲁大学》

《学习快报》

（四）著作

陈远:《燕京大学 1919 ～ 1952》，杭州：浙江人民出版社，2013 年。

丁日初主编:《近代中国》第八辑，上海：立信会计出版社，1998 年。

［美］狄乐播:《中华育英才·狄邦就列传》，郭大松译，北京：中国文史出版社，2009 年。

［美］丹尼尔·费舍:《一位在中国山东 45 年的传教士——狄考文》，郭大松、崔华杰译，北京：中国文史出版社，2009 年。

［美］芳卫廉:《基督教高等教育在变革中的中国，1880 ～

1950》，刘家峰译，珠海：珠海出版社，2005年。

顾长声:《传教士与近代中国》，上海：上海人民出版社，1981年。

顾学稼等编:《中国教会大学史论丛》，成都：成都科技大学出版社，1994年。

高时良主编:《中国教会学校史》，长沙：湖南教育出版社，1994年。

［美］郭查理:《齐鲁大学》，陶飞亚、鲁娜译，珠海：珠海出版社，1999年。

高时良、陈名实主编:《基督教教育与中国科学文化》，香港：香港人民出版社，2004年。

郭大松、杜学霞编译:《中国第一所现代大学——登州文会馆》，济南：山东人民出版社，2012年。

黄新宪:《基督教教育与中国社会变迁》，福州：福建教育出版社，1996年。

黄坚立:《难展的双翼：中国国民党面对学生运动的困境与决策：1927～1949年》，北京：商务印书馆，2010年。

胡卫清:《普遍主义的挑战：近代中国基督教教育研究（1877～1927）》，上海：上海人民出版社，2000年。

胡卫清:《苦难与信仰：近代潮汕基督徒的宗教经验》，北京：生活·读书·新知三联书店，2013年。

蒋宝麟:《民国时期中央大学的学术与政治（1927～1949）》，

南京：南京大学出版社，2016 年。

［美］鲁珍晞：《中国教会大学史（1850 ～ 1950）》，曾钜生译，杭州：浙江教育出版社，1987 年。

吕芳上：《从学生运动到运动学生》，台北："中央研究院"近代史研究所，1994 年。

廖风德：《学潮与战后中国政治，1945 ～ 1949》，台北：东大图书股份有限公司，1994 年。

刘家峰、刘天路：《抗日战争时期的基督教大学》，福州：福建教育出版社，2003 年。

刘家峰：《中国基督教乡村建设运动研究（1907 ～ 1950）》，天津：天津人民出版社，2008 年。

刘超：《学府与政府：清华大学与国民政府的冲突及合作（1928 ～ 1935）》，天津：天津人民出版社，2015 年。

鲁海、鲁勇：《青岛老校故事》，青岛：青岛出版社，2016 年。

李秉谦编著：《一百年的人文背影：中国私立大学史鉴》，西安：陕西师范大学出版总社，2016 年。

刘统：《决战：华东解放战争 1945 ～ 1949》，上海：上海人民出版社，2017 年。

彭明：《五四运动史》，北京：人民出版社，1984 年。

桑兵：《晚清学堂学生与社会变迁》，上海：学林出版社，1995 年。

史静寰：《狄考文与司徒雷登——西方新教传教士在华教育活

动研究》，珠海：珠海出版社，1999年。

陶飞亚、刘天路:《基督教会与近代山东社会》，济南：山东大学出版社，1995年。

陶飞亚、吴梓明:《基督教大学与国学研究》，福州：福建教育出版社，1998年。

唐致卿、岳海鹰:《山东解放区史稿　解放战争卷》，北京：中国物资出版社，1998年。

陶飞亚、杨卫华:《基督教与中国社会研究入门》，上海：复旦大学出版社，2009年。

王东杰:《国家与学术的地方互动：四川大学国立化进程（1925～1939）》，北京：生活·读书·新知三联书店，2005年。

吴梓明:《全球地域化视角下的中国基督教大学》，台北：宇宙光出版社，2006年。

吴小新编:《远方叙事：中国基督教研究的视角、方法与趋势》，桂林：广西师范大学出版社，2014年。

［美］魏定熙:《权力源自地位：北京大学、知识分子与中国政治文化，1898～1929》，张蒙译，南京：江苏人民出版社，2015年。

徐以骅:《教育与宗教：作为传教媒介的圣约翰大学》，珠海：珠海出版社，1999年。

［加拿大］许美德:《中国大学：1895～1995一个文化冲突的世纪》，许洁英主译，北京：教育科学出版社，2000年。

徐以骅主编:《宗教与美国社会》第一辑，北京：时事出版社，2004 年。

许志伟主编:《基督教思想评论》第三辑，上海：世纪出版集团、上海人民出版社，2006 年。

许小青:《政局与学府：从东南大学到中央大学（1919 ～ 1937）》，北京：中国社会科学出版社，2009 年。

徐保安:《教会大学与民族主义——以齐鲁大学学生群体为中心（1864 ～ 1937）》，南京：南京大学出版社，2015 年。

章开沅、[美] 林蔚主编:《中西文化与教会大学》，武汉：湖北教育出版社，1991 年。

章开沅主编:《文化传播与教会大学》，武汉：湖北教育出版社，1996 年。

章开沅、马敏主编:《社会转型与教会大学》，武汉：湖北教育出版社，1998 年。

章开沅、马敏主编:《基督教与中国文化丛刊》第三辑，武汉：湖北教育出版社，2000 年。

于风政:《改造：1949 ～ 1957 年的知识分子》，郑州：河南人民出版社，2001 年。

张连红主编:《金陵女子大学校史》，南京：江苏人民出版社，2005 年。

珠海市委宣传部等主编:《韦卓民与中西方文化交流——第二届珠澳文化论坛论文集》，北京：社会科学文献出版社，2011 年。

[美]叶文心:《民国时期大学校园文化（1919～1937）》，冯夏根等译，北京：中国人民大学出版社，2012年。

（五）论文

1. 已刊论文

陈廷湘:《政局动荡与学潮起落——九一八事变后学生运动的样态及成因》,《历史研究》2011年第1期。

岱峻:《1948：齐鲁大学南迁始末》,《书屋》2011年第2期。

黄启兵:《院校设置中的教育主权：晚清教会大学立案考略》,《高等教育研究》2012年第2期。

蒋宝麟:《“党国元老”、学界派系与校园政治——中央大学首任校长张乃燕辞职事件述论（1928～1930）》,《社会科学研究》2013年第3期。

蒋宝麟:《20世纪20年代金陵大学的立案与改组》,《近代史研究》2016年第4期。

鲁娜、陶飞亚:《齐鲁大学的历史资料及其研究》,《教育评论》1994年第1期。

李鹏程:《齐鲁大学办学模式考析》,《临沂师范学院学报》2002年第4期。

刘家峰:《论抗战时期基督教大学与国民政府之关系》,《史林》2004年第3期。

李茂松:《齐鲁大学前期考证，近代教育发祥青州——山东近代教育早期历史概述》,《潍坊教育学院学报》2006 年第 3 期。

刘家峰:《校园政治与中西博弈：齐鲁大学立案前后的易长风波》,《中山大学学报》(社会科学版) 2018 年第 2 期。

彭益军:《近代西方基督教会与齐鲁大学》,《山东医科大学学报》(社会科学版) 1999 年第 2 期。

彭学宝:《试论建国初期中共接办外国在华教育事业》,《兰台世界》2015 年第 22 期。

苏渭昌:《高等学校的接管——私立高等学校的接收与改造》,《高等教育研究》1987 年第 2 期。

孙邦华:《收回教育权运动与中国教会大学的“立案”问题——以辅仁大学为个案的分析》,《天津师范大学学报》(社会科学版) 2009 年第 1 期。

陶飞亚、刘家峰:《哈佛燕京学社与齐鲁大学的国学研究》,《文史哲》1999 年第 1 期。

王红岩:《新中国对教会大学接收与改造述评》,《许昌学院学报》2004 年第 3 期。

王晴佳:《学潮与教授：抗战前后政治与学术互动的一个考察》,《历史研究》2005 年第 4 期。

王奇生:《战时大学校园中的国民党：以西南联大为中心》,《历史研究》2006 年第 4 期。

杨大春:《南京国民政府的教会学校政策述论》,《苏州大学学报》(哲学社会科学版) 1999 年第 2 期。

叶张瑜:《建国初期教会大学的历史考察》,《当代中国史研究》2001年第3期。

杨思信:《试论晚清民初政府教会学校政策的演变》,《聊城大学学报》（社会科学版）2007年第6期。

虞宁宁:《齐鲁大学“立案”研究》,《当代教育科学》2010年第1期。

章博:《生存与信仰之间：教会大学的两难处境（1922～1951）——以华中大学为中心》,《汉江论坛》2013年第9期。

张建梅:《新中国成立初期对燕京大学的接管与改造》,《北京党史》2016年第2期。

张静:《国立大学与国民政府——以抗战爆发前浙江大学校长更迭为主线的考察》,《抗日战争研究》2016年第4期。

2. 学位论文

崔华杰:《狄考文研究》，山东师范大学硕士学位论文，2008年。

曹月:《教会大学的中国化研究——以齐鲁大学为例》，陕西师范大学硕士学位论文，2013年。

曹宇:《新中国对教会大学的接收与改造——以东吴大学为例》，苏州大学硕士学位论文，2016年。

杜敦科:《齐鲁大学教育转型与发展研究》，西北大学博士学位论文，2013年。

郭晓露:《齐鲁大学文学教育与新文学》，山东师范大学硕士学位论文，2016 年。

高振元:《私立大夏大学与近代中国政治》，华东师范大学硕士学位论文，2017 年。

胡凯基:《狄考文在华活动研究》，清华大学硕士学位论文，2006 年。

黄登欣:《齐鲁大学立案研究》，曲阜师范大学硕士学位论文，2009 年。

贺修炎:《走向大学自组织：中国政府与大学关系研究》，湖南师范大学博士学位论文，2014 年。

陆灵艳:《上海圣约翰大学立案问题研究》，东华大学硕士学位论文，2007 年。

李娟:《华西坝教会五大学联合办学研究》，西南大学硕士学位论文，2010 年。

李芳:《建国后教会大学的改造与调整：以齐鲁大学为例》，山东大学硕士学位论文，2011 年。

吕闻佩:《齐鲁大学人才培养模式研究（1931 ～ 1952）》，山东财经大学硕士学位论文，2015 年。

栾翔飞:《接管・改造・撤并——建国初期上海震旦大学的历史变迁（1949 ～ 1952）》，上海师范大学硕士学位论文，2016 年。

李钰莹:《抗战时期的齐鲁大学研究》，山东大学硕士学位论文，2019 年。

孟雪梅:《近代中国教会大学图书馆研究（1868 ～ 1952）》，

福建师范大学博士学位论文，2007年。

马琰琰:《向何处走——齐鲁大学发展路径研究（1927～1949）》，山东大学博士学位论文，2017年。

彭学宝:《建国初期中共肃清外国在华文化势力研究》，中共中央党校博士学位论文，2013年。

王雪玲:《齐鲁大学国学研究所初探》，华东师范大学人文学院硕士学位论文，2007年。

王聪:《近代中国教会大学校园文化研究（1879～1952）》，哈尔滨工程大学博士学位论文，2015年。

肖会平:《基督教高等教育合作组织在华活动研究——从中国共和大学中心办公室到中国基督教大学联合董事会（1922～1951）》，华中师范大学博士学位论文，2008年。

虞宁宁:《"立案"前后中国基督教高等教育的变迁研究》，山东师范大学硕士学位论文，2008年。

杨超:《建国初期党的私立大学政策及实践研究——以齐鲁大学为例》，齐鲁工业大学硕士学位论文，2015年。

杨习超:《近代中国教会大学中籍校长角色冲突研究》，苏州大学博士学位论文，2016年。

叶大深:《聂会东与近代山东的西医东渐》，山东大学博士学位论文，2022年。

钟令彩:《齐鲁大学与近代山东教育》，山东师范大学硕士学位论文，2001年。

赵景龙:《齐鲁大学的本土化与世俗化历程研究》，首都师范大学硕士学位论文，2007 年。

张德明:《英国浸礼会在华活动历史考察（1845 ～ 1952）》，山东师范大学硕士学位论文，2010 年。

赵祥斌:《神圣与世俗之间：齐鲁大学乡村建设研究》，山东大学硕士学位论文，2011 年。

赵建辉:《19 世纪末 20 世纪初中国基督教大学“并校运动”的历史考察——以齐鲁大学为中心的研究》，苏州大学硕士学位论文，2012 年。

朱新华:《建国初期上海教会大学接管与改组研究（1949 ～ 1952）》，上海师范大学硕士学位论文，2012 年。

张波:《中国近代教会大学参与乡村教育研究》，浙江师范大学硕士学位论文，2013 年。

张爽:《华东大学研究》，山东大学硕士学位论文，2014 年。

张江:《上海圣约翰大学接管与改造研究（1949 ～ 1952）》，上海师范大学硕士学位论文，2015 年。

朱斌:《民国学术史上被湮没的一页——齐鲁大学国学研究所述论》，山东大学博士学位论文，2017 年。

朱琳:《建国初期上海教会大学思想政治教育课程设置研究》，上海师范大学硕士学位论文，2017 年。

周凤琳:《“南丁格尔”养成记：齐鲁大学医院护士学校研究（1914 ～ 1941）》，山东大学硕士学位论文，2023 年。

二、外文文献

Cheeloo News, 1945.

Cheeloo Monthly Bulletin, 1946.

Cheeloo Weekly Bulletin, 1948-1949.

Cheeloo University News Bulletin, 1948-1949.

后　记

本书的主要内容来源于我的硕士学位论文。修改书稿的过程不免让我想起了读研的那段时光，回望过往，感慨颇多。那些往返于图书馆与宿舍的日子，曾经那么想逃离，现在却弥足珍贵。三年时光虽然短暂，却是人生中为数不多的既备感充实又颇觉怡然的一段日子。

本书的研究主体齐鲁大学是近代中国最早的教会大学之一，它的历史可追溯至 1864 年狄考文夫妇在登州（今蓬莱）创办的蒙养学堂。齐鲁大学在全盛时期曾被称为“华北第一学府”，尤以医学教育见长。齐鲁大学医学院是山东大学齐鲁医学院的前身，因此本书的出版无疑也有利于完善山东大学校史。

本书最终能够顺利完成，最应该感谢的是我的导师刘家峰教授。刘家峰老师为人宽和，治学严谨，不论是在学术研究，还是在待人处事方面，都为学生树立了良好的榜样，我深感受益良多。在学期间，刘老师定期召开师门读书会，了解我们的学习情况，为我们解惑答疑，使我在学术研究方面有了很大提升。此外，我还要感谢胡卫清、赵兴胜、徐畅、朱修春、牟东篱、贾国静、崔华杰、赵树国等诸位老师对我的启发与教诲，他们的真知灼见是引航的灯塔。

书稿得以付梓，离不开老友的帮助，更离不开新朋的扶持。感谢中共山东省委党校（山东行政学院）诸位领导同事的支持和厚爱。感谢林学启、王巨新、白晶、时新华、孙希江、尹传政、刘树燕、张衍霞、魏冠明、葛丽、张文、殷明、孙炜、朱丽丽、刘晓凤、高静静、丁婧、孙效良等老师对我自入职以来在工作及生活上的支持和照顾，诸位领导同事以身教作榜样，鞭策着我不断前进。

大学作为社会有机体的组成部分，为强国建设、民族复兴提供重要人才支撑。大学史研究有着独特的历史价值和现实意义。由于本人水平所限，在写作过程中虽已倾尽全力，仍不免有错漏之处。若拙作能为同道中人提供些许启发，便是对我所耗心血的最大肯定。齐鲁大学虽已湮没在历史的洪流中，却也在近代中国社会留下了浓墨重彩的一页，相信未来会有更多相关优秀学术成果问世。